博士论文出版项目

金融摩擦与中国经济波动：
基于金融经济周期视角的研究

Financial Frictions and China's Economic Fluctuations:
A View of Financial Business Cycle

高 然 著

中国社会科学出版社

图书在版编目(CIP)数据

金融摩擦与中国经济波动：基于金融经济周期视角的研究／高然著.—北京：中国社会科学出版社，2020.7

ISBN 978-7-5203-6228-3

Ⅰ.①金… Ⅱ.①高… Ⅲ.①金融市场—经济周期—关系—中国 经济—经济波动—研究 Ⅳ.①F832.5②F124.8

中国版本图书馆 CIP 数据核字（2020）第 054590 号

出 版 人	赵剑英
责任编辑	黄 晗
责任校对	周 昊
责任印制	王 超

出　　版	中国社会科学出版社
社　　址	北京鼓楼西大街甲 158 号
邮　　编	100720
网　　址	http://www.csspw.cn
发 行 部	010-84083685
门 市 部	010-84029450
经　　销	新华书店及其他书店
印　　刷	北京君升印刷有限公司
装　　订	廊坊市广阳区广增装订厂
版　　次	2020 年 7 月第 1 版
印　　次	2020 年 7 月第 1 次印刷
开　　本	710×1000　1/16
印　　张	11.5
字　　数	161 千字
定　　价	69.00 元

凡购买中国社会科学出版社图书，如有质量问题请与本社营销中心联系调换
电话：010-84083683
版权所有　侵权必究

出 版 说 明

为进一步加大对哲学社会科学领域青年人才扶持力度，促进优秀青年学者更快更好成长，国家社科基金设立博士论文出版项目，重点资助学术基础扎实、具有创新意识和发展潜力的青年学者。2019年经组织申报、专家评审、社会公示，评选出首批博士论文项目。按照"统一标识、统一封面、统一版式、统一标准"的总体要求，现予出版，以飨读者。

全国哲学社会科学工作办公室
2020年7月

摘　　要

　　2007年美国次贷危机的爆发及其引发的国际金融危机，催生了大量关于金融因素对经济波动影响的研究。近年来，对金融因素的关注已成为经济波动研究乃至宏观经济学研究的热点，并已形成一个重要的新兴研究领域——金融经济周期（Financial Business Cycle，FBC）。金融经济周期研究将金融摩擦引入DSGE模型框架，揭示金融摩擦下经济波动的传导机制。本书将金融经济周期前沿理论对房地产市场与金融中介的关注应用于中国经济波动问题的研究，结合中国经济现实与制度特征，探讨了不同经济部门在金融摩擦作用下对中国经济波动的影响。

　　从金融经济周期的视角出发，本书首先关注中国的房地产市场。中国房地产市场的一个显著的特殊性在于地方政府的土地财政行为，本书将地方政府的土地财政行为纳入到一个DSGE模型框架中，并同时对地方政府和企业面临的金融摩擦进行了刻画，以此分析地方政府土地财政在经济波动的传导中所扮演的角色。除了在供给方面具有制度上的独特性，中国的房地产市场还表现出区域发展不平衡的特点，不同地区的房价水平具有显著的差异。本书进一步构建一个多区域的DSGE模型，以刻画不同区域内以及区域间的金融摩擦，从而将房地产价格与经济波动的研究推广到了区域层面。

　　在上述研究中，家庭部门事实上充当了金融中介的作用，但由于理论模型中并没有显性地引入金融中介部门，致使难以对其面临的金融摩擦进行研究。为此，本书进而通过构建一个包含商业银行的 DSGE 模型，同时对中国商业银行资产和负债两端的金融摩擦进行刻画，研究其对经济波动的影响。进一步地，本书将上面包含金融中介的模型框架推广到对中国影子银行的研究。近年来影子银行的迅速扩张，使中国社会融资结构发生了颠覆性的变化。与西方典型的影子银行体系不同，中国式的影子银行体系以商业银行为主导，这使其可能具备独特的经济波动特征。

本书在金融经济周期的视角下研究了不同经济主体和不同金融摩擦对中国经济波动的影响。研究结果充分表明，金融摩擦在中国经济波动的传导过程中扮演着重要的角色。随着中国金融市场的快速发展以及市场化改革的不断深入，金融摩擦的上述效应愈显重要。与此同时，中国的金融市场还具有诸多自身的特点，面临的金融摩擦反映着其制度上的独特性。本书在金融经济周期研究与中国经济特征的结合上进行了初步的探索，可以为理解和分析现实的中国经济波动问题提供一个新的视角，同时为政府平抑宏观经济波动、增强宏观调控效果提供一些政策启示。

关键词：金融摩擦；经济波动；金融经济周期；房地产；金融中介

Abstract

The recent global financial crisis has triggered a large amount of studies on the effects of financial factors on economic fluctuations. This trend has been popular both in the study of business cycle and macroeconomics, and has formed a new field called the Financial Business Cycle (FBC). FBC introduces financial frictions into DSGE models to analyze the transmission mechanisms of economic fluctuations. In this book, two frontier theoretical issues of FBC, the housing market and the financial intermediary, are taken into China's institutional background, to explore how different sectors with different financial frictions affect China's economic fluctuations.

First, a DSGE framework is formulated to analyze the effect of local government's land finance on economic fluctuations. In the model, the financial frictions faced by the local government and the firms are characterized. Next, a multi-regional DSGE model is established to extend the study on housing prices and economic fluctuations to regional level. Both inner-region and inter-region financial frictions are characterized in the model.

In addition, a DSGE model containing the commercial bank sector is used to characterize the financial frictions faced by the financial intermediary. Frictions are introduced both on the commercial bank's asset end and liability end. Further, the above model is extended to accommodate shadow banking. China's shadow banking differs from western countries in the way that commercial banks still play a core role in it, which implies that it may have its unique dynamics.

Overall, the effects of different sectors and financial frictions on China's economic fluctuations are discussed in the view of FBC as well as under China's institutional background. The findings highlight the role of financial frictions in the transmission of economic fluctuations. With the development of China's financial market and its reform, these effects become even more important. This book sheds light on the combination of financial business cycle studies and China's institutional characteristics, and provides some policy implications for the government.

Key Words: Financial Frictions, Economic Fluctuations, Financial Business Cycles, Housing, Financial Intermediaries

目　　录

第一章　绪论 (1)
第一节　研究背景及意义 (1)
一　金融经济周期理论的兴起 (1)

二　金融经济周期视角下的房地产市场：理论前沿与中国现实 (2)

三　金融经济周期视角下的金融中介：理论前沿与中国现实 (6)

第二节　研究内容及创新 (9)
一　研究的主要内容 (9)

二　研究的创新之处 (11)

第三节　结构安排 (12)

第二章　文献综述 (13)
第一节　金融经济周期理论的演化路径与方法论 (13)
第二节　金融经济周期研究进展 (15)
一　金融摩擦与金融加速器机制 (15)

二　房地产市场与宏观经济波动 (18)

三　金融中介与金融冲击 (20)

第三节　现有文献的不足 (24)

第三章　金融摩擦与地方政府土地财政……………………(26)
第一节　引言…………………………………………………(26)
第二节　土地价格与经济波动：来自VAR的证据…………(29)
第三节　理论模型……………………………………………(31)
一　家庭……………………………………………………(31)
二　企业……………………………………………………(32)
三　地方政府………………………………………………(34)
四　宏观均衡………………………………………………(35)
第四节　模型估计……………………………………………(38)
第五节　模型分析……………………………………………(39)
一　房地产市场冲击的识别………………………………(39)
二　土地财政对经济波动的放大和传导…………………(40)
三　福利分析………………………………………………(43)
第六节　结论…………………………………………………(45)

第四章　金融摩擦与房价区域差异…………………………(47)
第一节　引言…………………………………………………(47)
第二节　理论模型……………………………………………(51)
一　家庭……………………………………………………(51)
二　最终品生产商…………………………………………(52)
三　中间品生产商…………………………………………(53)
四　零售商…………………………………………………(55)
五　地方政府………………………………………………(56)
六　中央银行………………………………………………(57)
七　宏观均衡………………………………………………(57)
第三节　模型估计……………………………………………(60)
一　估计策略与数据描述…………………………………(60)
二　先验分布与估计结果…………………………………(61)

第四节　模型动态特征……………………………………(63)
　一　经济波动的区域差异……………………………(63)
　二　经济波动的区域间传导…………………………(64)
　三　货币政策传导的区域差异………………………(66)
　四　地方政府的土地财政行为………………………(68)
　五　信贷市场一体化与房价溢出……………………(68)
第五节　结论………………………………………………(73)

第五章　金融摩擦与商业银行信贷………………………(76)
第一节　引言………………………………………………(76)
第二节　理论模型…………………………………………(78)
　一　家庭………………………………………………(78)
　二　商业银行…………………………………………(79)
　三　生产商……………………………………………(80)
　四　零售商……………………………………………(82)
　五　中央银行…………………………………………(83)
　六　宏观均衡…………………………………………(83)
第三节　数值模拟…………………………………………(86)
　一　参数校准…………………………………………(86)
　二　脉冲反应…………………………………………(86)
第四节　结论………………………………………………(90)

第六章　金融摩擦与影子银行信贷………………………(92)
第一节　引言………………………………………………(93)
第二节　基于SVAR模型的实证检验……………………(95)
　一　SVAR模型与符号约束…………………………(95)
　二　变量选取与数据说明……………………………(97)
　三　实证结果…………………………………………(97)

第三节　理论模型 …………………………………………… (99)
　　　一　家庭 ………………………………………………… (99)
　　　二　商业银行 …………………………………………… (100)
　　　三　影子银行 …………………………………………… (102)
　　　四　生产商 ……………………………………………… (103)
　　　五　零售商 ……………………………………………… (104)
　　　六　中央银行 …………………………………………… (105)
　　　七　宏观均衡 …………………………………………… (105)
　　第四节　数值模拟 …………………………………………… (108)
　　　一　参数校准 …………………………………………… (108)
　　　二　脉冲反应 …………………………………………… (109)
　　第五节　结论 ………………………………………………… (113)

第七章　总结 ……………………………………………………… (115)
　　第一节　主要结论 …………………………………………… (115)
　　第二节　不足之处与进一步研究方向 ……………………… (118)

附　录 …………………………………………………………… (120)
　　附录A　图表 ………………………………………………… (120)
　　附录B　第三章技术附录 …………………………………… (123)
　　附录C　第四章技术附录 …………………………………… (132)
　　附录D　第五章技术附录 …………………………………… (144)
　　附录E　第六章技术附录 …………………………………… (146)

参考文献 ………………………………………………………… (149)

索　引 …………………………………………………………… (161)

后　记 …………………………………………………………… (164)

Contents

Chapter 1 Introduction ·· (1)
   Section 1 Background ·· (1)
      1. Rise of the Financial Business Cycle Theory ················ (1)
      2. Housing Market in FBC: Theoretical Frontiers and
         Chinese Facts ··· (2)
      3. Financial Intermediary in FBC: Theoretical Frontiers
         and Chinese Facts ·· (6)
   Section 2 Research Contents and Contributions ················ (9)
      1. Main Research Contents ·································· (9)
      2. Contributions ·· (11)
   Section 3 Structure of the Book ······························· (12)

Chapter 2 Literature Review ······································ (13)
   Section 1 Evolutionary Path and Methodology of FBC ········· (13)
   Section 2 Developments on FBC Research ···················· (15)
      1. Financial Friction and Financial Accelerator ················ (15)
      2. Housing Market and Economic Fluctuation ················ (18)
      3. Financial Intermediary and Financial Shock ················ (20)
   Section 3 Deficiencies of Existing Literature ····················· (24)

Chapter 3　Financial Friction and Local Governments' Land Finance ……… (26)

　Section 1　Introduction ……… (26)

　Section 2　Land Price and Economic Fluctuation: Evidence from VAR Model ……… (29)

　Section 3　Theoretical Model ……… (31)

　　1. Household ……… (31)

　　2. Entrepreneur ……… (32)

　　3. Local Government ……… (34)

　　4. Equilibrium ……… (35)

　Section 4　Model Estimation ……… (38)

　Section 5　Model Analysis ……… (39)

　　1. Shock Identification in Housing Market ……… (39)

　　2. Effects of Land Finance on Economic Fluctuation ……… (40)

　　3. Welfare Analysis ……… (43)

　Section 6　Conclusion ……… (45)

Chapter 4　Financial Friction and Regional Heterogeneity of Housing Prices ……… (47)

　Section 1　Introduction ……… (47)

　Section 2　Theoretical Model ……… (51)

　　1. Household ……… (51)

　　2. Final Goods Producer ……… (52)

　　3. Intermediate Goods Producer ……… (53)

　　4. Retailer ……… (55)

　　5. Local Government ……… (56)

　　6. Central Bank ……… (57)

　　7. Equilibrium ……… (57)

　Section 3　Model Estimation ……… (60)

　　1. Estimation Strategy and Data Description ……… (60)

2. Prior Distribution and Estimation Result ……………… (61)
Section 4　Model Dynamics ……………………………………… (63)
　　1. Regional Heterogeneity of Economic Fluctuation ………… (63)
　　2. Regional Transmission of Economic Fluctuation ………… (64)
　　3. Regional Heterogeneity of Monetary Policy ……………… (66)
　　4. Local Governments' Land Finance ………………………… (68)
　　5. Credit Market Integration and Housing Price
　　　　Spillover ………………………………………………………… (68)
Section 5　Conclusion ……………………………………………… (73)

Chapter 5　Financial Friction and Credit of Commercial Banks ……………………………………………………… (76)
Section 1　Introduction ……………………………………………… (76)
Section 2　Theoretical Model ……………………………………… (78)
　　1. Household ……………………………………………………… (78)
　　2. Commercial Bank …………………………………………… (79)
　　3. Entrepreneur ………………………………………………… (80)
　　4. Retailer ………………………………………………………… (82)
　　5. Central Bank ………………………………………………… (83)
　　6. Equilibrium …………………………………………………… (83)
Section 3　Simulation ……………………………………………… (86)
　　1. Calibration …………………………………………………… (86)
　　2. Impulse Responses ………………………………………… (86)
Section 4　Conclusion ……………………………………………… (90)

Chapter 6　Financial Friction and Credit of Shadow Banking ……………………………………………………… (92)
Section 1　Introduction ……………………………………………… (93)

Section 2　Empirical Study Based on SVAR Model ……………（95）
　　1. SVAR Model and Sign Restriction ……………………（95）
　　2. Variables and Data ……………………………………（97）
　　3. Empirical Result ………………………………………（97）
　Section 3　Theoretical Model ………………………………（99）
　　1. Household ………………………………………………（99）
　　2. Commercial Bank ……………………………………（100）
　　3. Shadow Bank …………………………………………（102）
　　4. Entrepreneur …………………………………………（103）
　　5. Retailer …………………………………………………（104）
　　6. Central Bank …………………………………………（105）
　　7. Equilibrium ……………………………………………（105）
　Section 4　Simulation ………………………………………（108）
　　1. Calibration ……………………………………………（108）
　　2. Impulse Responses …………………………………（109）
　Section 5　Conclusion ………………………………………（113）

Chapter 7　Summary ………………………………………（115）
　Section 1　Main Conclusions ………………………………（115）
　Section 2　Deficiencies and Future Work …………………（118）

Appendix ……………………………………………………（120）
　Appendix A　Figures ………………………………………（120）
　Appendix B　Technical Appendix for Chapter 3 …………（123）
　Appendix C　Technical Appendix for Chapter 4 …………（132）
　Appendix D　Technical Appendix for Chapter 5 …………（144）
　Appendix E　Technical Appendix for Chapter 6 …………（146）

References ·· (149)

Index ··· (161)

Postscript ·· (164)

第一章

绪　　论

第一节　研究背景及意义

一　金融经济周期理论的兴起

经济波动或经济周期始终是宏观经济学研究的主要对象之一。自 20 世纪 80 年代起，以 Kydland 和 Prescott（1982）为开端的实际经济周期（Real Business Cycle，RBC）理论逐渐占据经济波动研究的主流位置。然而，1997 年的亚洲金融危机事实上对主流经济周期理论构成了巨大的挑战，强调实际经济变量的传统经济周期理论难以解释现实中的剧烈经济波动。相反地，金融经济变量开始进入主流宏观经济学家的视野，并越来越受到关注。2007 年美国次贷危机的爆发及其引发的国际金融危机，更是直接催生了大量关于金融因素对经济波动影响的研究。近年来，对金融因素的关注已成为经济波动研究乃至宏观经济学研究的热点，发展迅速，应用广泛，并已形成一个重要的新兴研究领域——金融经济周期（Financial Business Cycle，FBC）。

金融经济周期"反映了经济波动与金融因素之间的关系，体现了金融变量对真实经济周期的重要影响"，而金融经济周期理论的核心问题在于揭示"金融摩擦如何影响周期的传导机制"（宋玉华和李泽祥，2007）。事实上，对于经济波动的传导机制，金融经济周期理论并没有给出一个统一的解释，或者可以说，该理论是由近年来一系列探讨金融因素如何影响经济波动的研究共同构筑的。金融经济周期理论的核心思想认为金融因素在经济波动的传导中扮演着重要的角色，从而该理论致力于为理解现实中的经济波动提供一个崭新的视角，而非一个普遍适用的准则。也恰恰是这一特点使得金融经济周期理论可以深入到不同国家、不同市场的制度细节中，关注并刻画不同的金融摩擦，揭示其对经济波动的影响。

金融经济周期的研究在国际上尚属新兴事物，在国内更是处于起步阶段，但该领域亟须研究解决的理论和实践问题却为数众多（周炎和陈昆亭，2014），对该领域的关注和研究具有多方面的意义。从理论意义看，金融经济周期理论代表了经济周期理论研究的重大变革，且作为新兴热点领域，相关研究汇集了宏观经济学最前沿的理论工具，具有极高的理论价值。从现实意义看，一方面随着中国金融市场的快速发展以及市场化改革的不断加深，金融因素在经济波动的传导中扮演着越来越重要的角色；另一方面中国的金融市场又具有自身的特点，面临的冲击和摩擦反映着其制度上的独特性，金融经济周期理论有助于我们理解和分析现实的中国经济问题。从政策意义看，金融经济周期理论不仅可以为金融监管提供依据，而且可以用于研究金融因素对传统货币政策和财政政策等宏观政策调控工具有效性的影响，从而指导相关政策的设计和制定。

二 金融经济周期视角下的房地产市场：理论前沿与中国现实

"房地产和房地产金融在导致当下这场危机的过程中扮演了核心角色。"

——Ben S. Bernanke，2008，在美联储会议上的讲话

"这次危机极大地激发了对房地产市场与宏观经济之间关系的研究。"

——Zheng Liu, Pengfei Wang, Tao Zha, 2013, *Econometrica*

美国爆发的次贷危机及其引发的国际金融危机促进了主流宏观经济研究对房地产市场的关注。与传统经济学对房地产市场在宏观经济中的作用认识不同，金融经济周期理论认为，房地产市场不仅受到整体宏观经济运行的影响，其本身更是导致宏观经济波动的重要推动力。近年来，对房地产市场与宏观经济波动关系的研究，成为金融经济周期研究的一个前沿热点。

中国的房地产市场近年来经历了快速的发展。从土地市场看，如图1.1所示，自土地招拍挂制度实施以来，土地价格基本保持了逐年上升的势头，且现实中"地王"频现，受到社会的广泛关注。

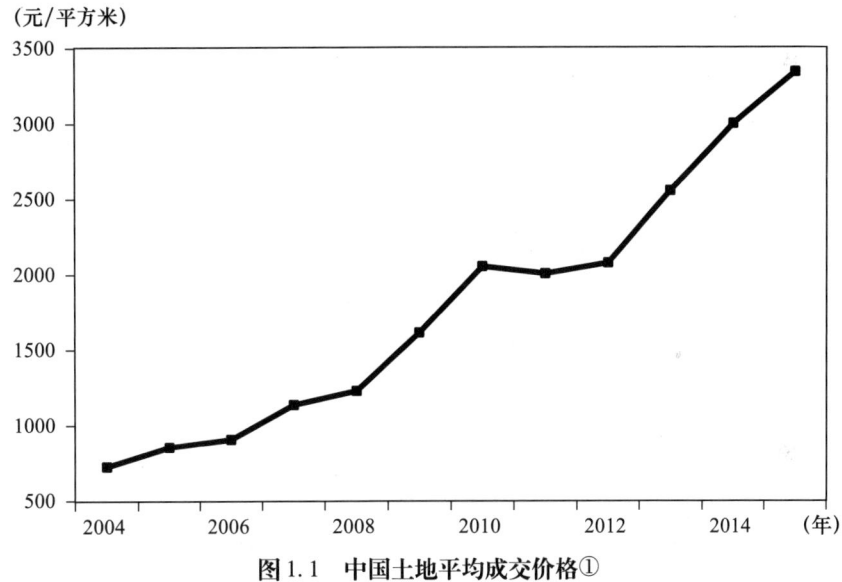

图1.1 中国土地平均成交价格①

从商品房市场看，如图1.2所示，自1998年房改以来，商品房价格同样增长迅速。近期，新一轮的房价上涨引发了社会对房地产泡沫的担忧。各地纷纷出台针对楼市的调控措施，遏制热点城市房价过快上涨也被写入2017年两会的政府工作报告中。

---

① 如无特殊说明，本章的数据来源均为中经网统计数据库和Wind数据库。

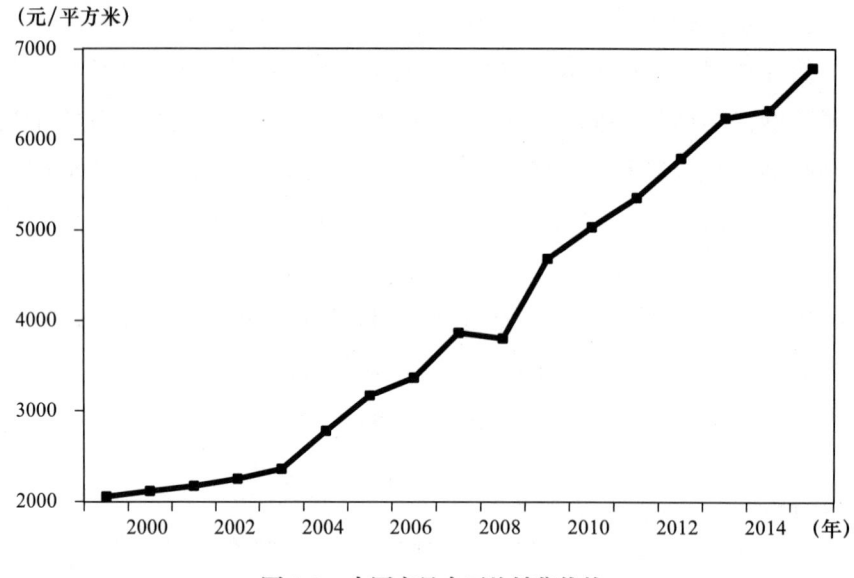

图 1.2 中国商品房平均销售价格

中国房地产市场的一个显著的特殊性在于地方政府的土地财政行为。一方面，在分税制条件下，地方政府财权与事权的不匹配使地方财政面临压力，通过土地出让获得预算外收入成为地方政府缓解财政收入不足的重要手段。另一方面，中国的官员考核体制和晋升机制，使得土地财政成为地方政府筹集建设发展资金的必然选择。尤其是，2008 年国际金融危机之后，伴随着地方融资平台的迅猛发展，地方政府以土地为杠杆借债融资的模式加深了其对土地财政的依赖。根据审计署公布的 2012 年全国政府性债务规模，全国各类地方政府性债务合计 15.89 万亿元，与当年 GDP 的比率为 30.61%；地方政府负有偿还责任的债务合计 9.63 万亿元，与当年 GDP 的比率为 18.55%。其中，22 个省（区、市）的审计机构公布了截至 2012 年年底"政府承诺以土地出让收入偿还的债务占政府负有偿还责任的债务的比重"的数值①，该数值反映了地方政府债务对土地财政

---

① 这是全国省级审计部门第一次集中对外公布相关数据。

的依赖程度。如图 1.3 所示，在这 22 个省（区、市）中，浙江以 66.27% 排名第一，天津以 64.56% 排名第二，两地政府负有偿还责任的债务，有 2/3 要靠土地出让收入来偿还。占比最小的分别是甘肃（22.40%）、河北（22.13%）、山西（20.67%），但也至少有 1/5 的债务要靠土地出让收入来偿还。从而，将地方政府的土地财政行为纳入到金融经济周期框架中加以研究，考察其对中国房地产市场以及经济波动的影响，具有较强的理论和现实意义。

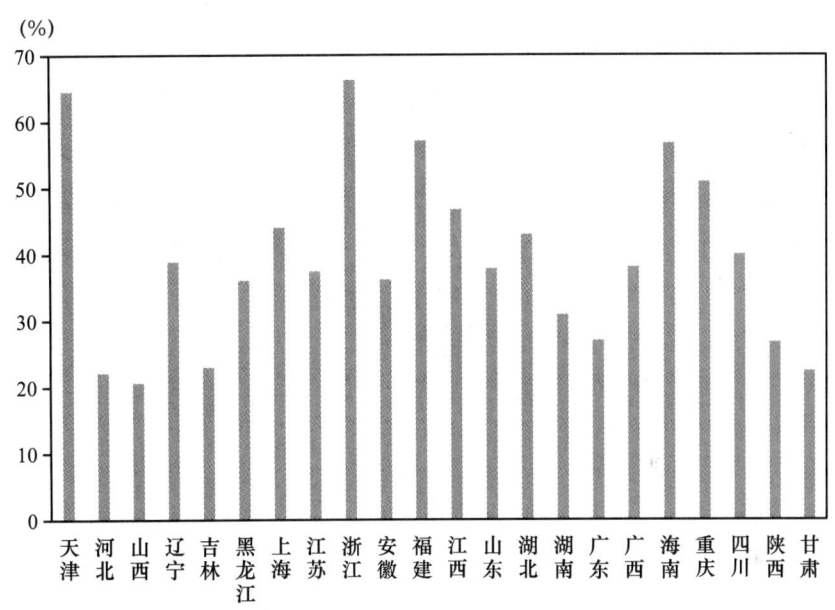

图 1.3　土地偿债在中国地方政府负有偿还责任债务中的占比

另外，中国房地产市场还表现出区域发展不平衡的特点。图 1.4 分别显示了中国东部地区和中西部地区的商品房价格，可以看到，不同地区的房价水平具有显著的差异，且东部地区房价的增长明显快于中西部地区，区域间房价水平的差异在不断扩大。从金融经济周期的角度，房地产市场对宏观经济波动的影响主要是通过"价格"发挥作用的。以两篇该领域的重要研究为例：Iacoviello 于 2005 年发表在 American Economic Review 上的论文，题目为 "House Prices, Borrowing Constraints, and Monetary Policy in the Business Cycle"；Liu 等于 2013 年发表在 Econometrica 上的论文，题目为 "Land-Price Dynamics and Macroeconomic Fluctuations"。既然房地产价格被视作经济波动传导过程中的核心变量，那么中国区域间房价水平具有显著差异的现实是否会导致经济波动的区域差异，以及是否会影响货币政策的有效性，这一系列基于区域层面的考量值得理论关注和检验。

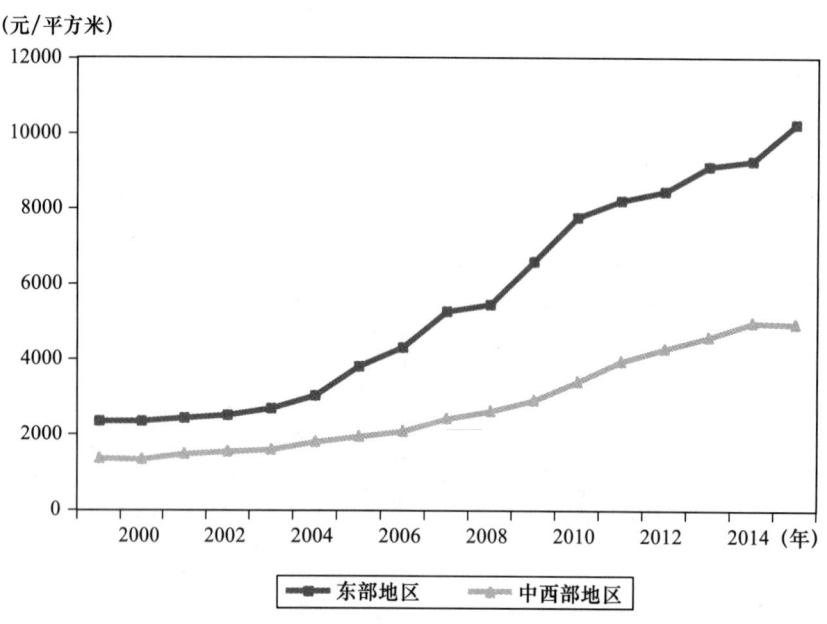

图1.4　中国商品房平均销售价格的地区差异

三　金融经济周期视角下的金融中介：理论前沿与中国现实

金融经济周期的另一个理论前沿是对金融中介的关注。尽管金融经济周期的理论核心在于强调金融摩擦的作用，然而在美国次贷危机爆发之前，相关研究对金融摩擦的理论刻画并不要求显性地引入金融中介。但在此次危机中，恰恰是金融中介的作用，使得源于房地产市场的波动升级为金融系统的崩溃，并进而导致次贷危机演变成一场全球范围内的金融危机。于是在危机之后，越来越多的研究开始将金融中介作为独立的部门引入理论分析框架，并探讨其对经济波动的影响，逐渐形成了金融经济周期研究的另一个前沿热点。

一方面，在中国的金融市场上，商业银行一直扮演着关键的角色。如图1.5所示，中国商业银行融资规模不断增长，尤其是在应对金融危机期间，商业银行扮演了重要的角色。以2003年为例，商业银行贷款占当年GDP的比重为20%，占当年社会融资规模的比重为81%，可见商业银行在中国金融市场上的主导地位。与此同时，图1.6对比了中国商业银行贷款与M2的变化趋势，二者表现出很强的协同性，这反映了商业银行信贷渠道在中国货币政策传导中的重要性。

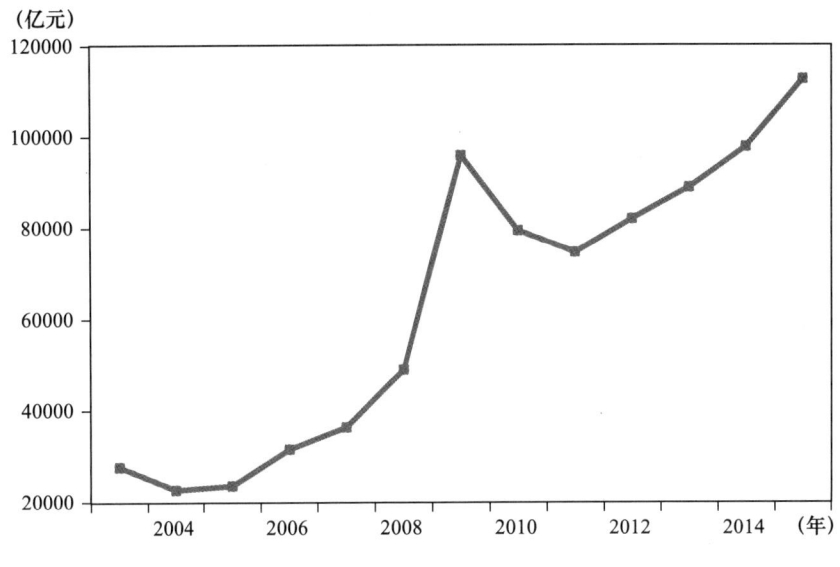

图1.5 中国商业银行新增人民币贷款

另一方面，中国的社会融资结构近年来也在发生着一些显著的变化，主要表现为影子银行的兴起。图1.7分别显示了中国商业银行融资规模与影子银行融资规模占社会融资规模的比重变化，2003—2013年，商业银行融资规模占比由81%下降至51%，而同期

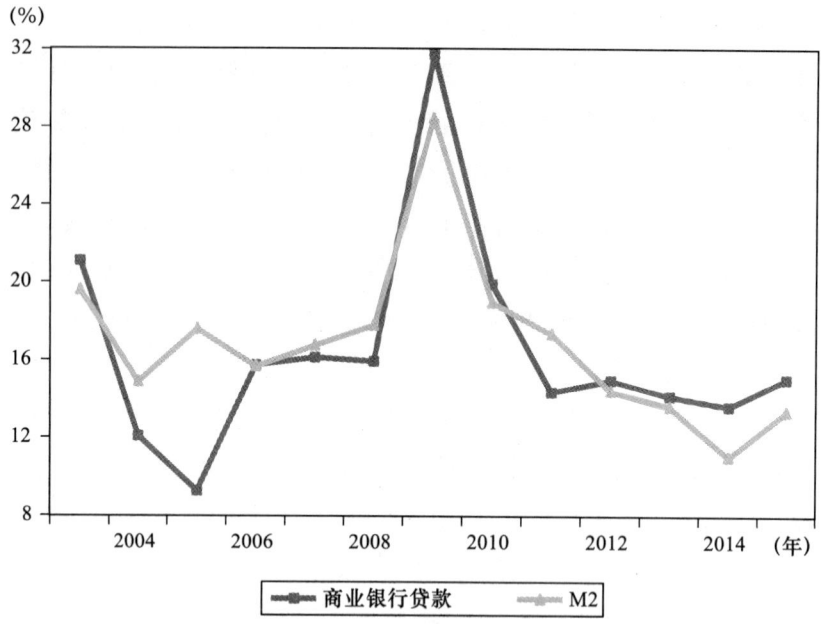

图1.6 中国商业银行贷款与 M2 增长率

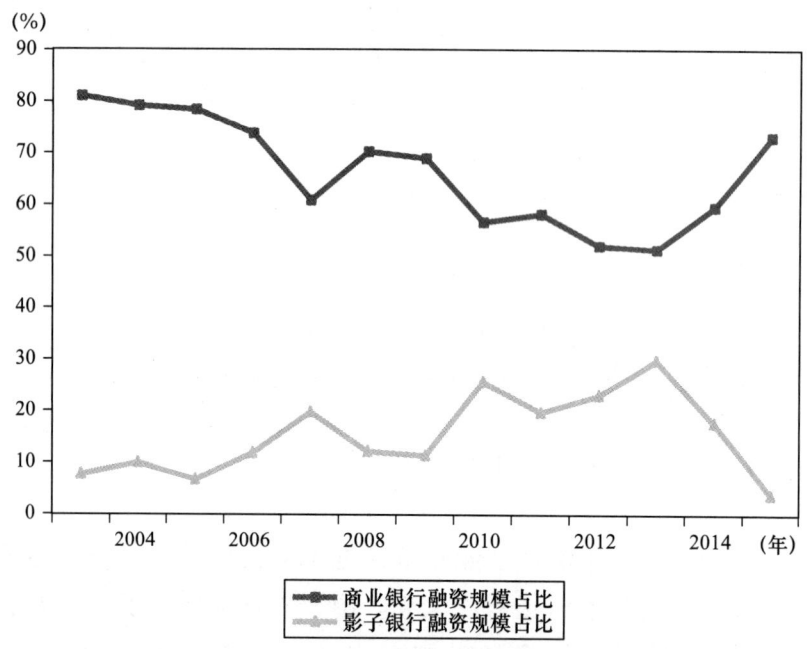

图1.7 中国商业银行与影子银行在社会融资规模中的比重

影子银行融资规模占比则由8%上升至30%。更为引人注目的是，与西方影子银行的顺周期性相反，中国的影子银行似乎表现出逆周期的特征。在2010—2012年的紧缩性货币政策环境下，影子银行却出现了显著的增长。表1.1汇总了不同机构对截至2012年年底中国影子银行存量规模的估计，影子银行规模达到了23.5万亿—30万亿元。理解中国影子银行逆周期扩张的原因和机制，探讨其对经济波动和货币政策传导的影响，具有重要的意义。

表1.1　对中国影子银行存量规模的估计（截至2012年年底）

来源	万亿元
广发证券	30
海通证券	28.8
方正证券	28.6
花旗银行	28
巴克莱银行	25.6
华泰证券	25
中信建投证券	25
高盛银行	23.5

第二节　研究内容及创新

一　研究的主要内容

本书将金融经济周期前沿理论对房地产市场与金融中介的关注应用于中国经济波动问题的研究。结合中国经济现实与制度特征，探讨了不同经济部门在金融摩擦作用下对中国经济波动的影响。通过对金融摩擦的刻画以及对其在经济波动传导中作用的分析，本书在金融经济周期研究与中国经济特征的结合上进行了初步的探索。

从金融经济周期的视角出发，本书首先关注中国的房地产市场。中国房地产市场的一个显著的特殊性在于地方政府的土地财政行为，本书将地方政府的土地财政行为纳入到一个 DSGE 模型框架中，并同时对地方政府和企业面临的金融摩擦进行了刻画，以此分析地方政府土地财政在经济波动的传导中所扮演的角色。通过对模型进行贝叶斯估计，本书对导致中国房地产市场波动的主要冲击进行识别，并在此基础上，研究地方政府土地财政行为对经济波动以及社会福利的影响。

除了在供给方面具有制度上的独特性，中国的房地产市场还表现出区域发展不平衡的特点，不同地区的房价水平具有显著的差异。本书进一步构建一个多区域的 DSGE 模型，以刻画不同区域内以及区域间的金融摩擦，从而将房地产价格与经济波动的研究推广到了区域层面。采用中国的宏观季度数据对模型进行贝叶斯估计，本书对一系列区域层面的经济动态特征进行考察。其中，基于房价对经济波动的放大作用，本书考察具有不同房价水平的区域是否在经济波动上也表现出差异。本书还进一步考察不同区域对货币政策冲击的反应程度是否也存在显著差异，并探讨其对货币政策有效性的影响。

在上述研究中，家庭部门事实上充当了金融中介的作用，但由于理论模型中并没有显性地引入金融中介部门，致使难以对其面临的金融摩擦进行研究。为此，本书进而通过构建一个包含商业银行的 DSGE 模型，同时对中国商业银行资产和负债两端的金融摩擦进行刻画，研究其对经济波动的影响。在商业银行的负债端，金融摩擦来源于中央银行为防范金融风险而对商业银行实施的一系列监管措施，如资本充足率指标。而在商业银行的资产端，金融摩擦来源于商业银行和企业之间的信息不对称。

进一步地，本书将上面包含金融中介的模型框架推广到对中国影子银行的研究。近年来影子银行的迅速扩张，使中国社会融资结构发生了颠覆性的变化。与西方典型的影子银行体系不同，中国式的影子银行体系以商业银行为主导，这使其可能具备独特的经济波动特征。本书首先运用基于符号约束的 SVAR 模型对中国影子银行的逆周期特征进行实证检验。接着本书构建了一个 DSGE 模型，进一步拓展了商业银行面临的金融摩擦，通过引入商业银行的信贷约束机制，对中国影子银行的逆周期特征进行解释。在此基础上，本书探讨了影子银行对货币政策传导的影响。

二 研究的创新之处

相对于已有的研究，本书的创新之处主要体现在以下三个方面。

第一，对国际理论前沿与中国特色问题的结合。本书将金融经济周期前沿理论对房地产市场与金融中介的关注应用于中国经济波动问题的研究。研究的关注点根植于中国经济现实与制度特征，例如，地方政府的土地财政行为、房地产市场的区域异质性、影子银行与商业银行的密切关系及其逆周期特征等。在理论研究中，本书既借鉴了金融经济周期文献对金融摩擦的标准设定，同时也刻画了一系列符合中国经济特征的金融摩擦类型，例如，地方政府以土地收益作为抵押举借债务、商业银行受到的存贷比指标监管等。这为理解和分析现实的中国经济波动问题提供了一个新的视角。

第二，对热点经济问题的一般均衡考察。本书强调在一般均衡框架下对相关经济问题进行分析，这使得本书对涉及的热点经济问题的探讨区别于大多数已有的研究。例如，近年来，土地财政、影子银行等问题一直是中国经济的热点，受到社会各界的广泛关注，但是对其的研究以定性描述或实证分析为主，较为缺少一般均衡框架下的考察。本书基于一般均衡的研究既有助于解释经济波动的传导机制，也有助于评估经济政策的实施效果。

第三，对符合中国经济现实的理论模型的构建。中国的金融市场具有众多区别于西方发达国家的特点，所面临的摩擦和冲击反映了其制度上的独特性，这为金融经济周期理论研究提供了丰富的素材，但同时也要求对理论模型进行针对中国实际的扩展与重构。本书在针对中国经济建模时首次尝试了一些新的模型框架，例如，针对中国区域发展不平衡的现状构建了一个多区域的 DSGE 模型、针对中国商业银行资产和负债两端的金融摩擦构建了一个双摩擦的 DSGE 模型。这为今后深入研究中国的经济波动问题提供了可以借鉴的理论工具。

第三节　结构安排

本书接下来的结构安排如下：第二章是文献综述，重点对金融经济周期的相关研究进行梳理。第三章将地方政府的土地财政行为纳入到一个 DSGE 模型框架中，刻画和分析其在经济波动的传导中所扮演的角色。第四章进一步构建一个多区域的 DSGE 模型，将房地产价格与经济波动的研究推广到区域层面。第五章通过构建一个包含商业银行的 DSGE 模型，同时对中国商业银行资产和负债两端的金融摩擦进行刻画，研究其对经济波动的影响。第六章进一步将上面包含金融中介的模型框架推广到对中国影子银行的研究，解释影子银行的波动特征，并探讨其对货币政策传导的影响。

第 二 章

文献综述

第一节　金融经济周期理论的演化路径与方法论

20世纪80年代，以Kydland和Prescott（1982）为开端和代表，实际经济周期理论一度成为经济周期研究领域的主流方法[①]。实际经济周期理论遵循新古典的传统，认为经济波动的绝大部分可以被实体经济的冲击所解释，从而经济周期是"实际"的（与"名义"相对），是对实体经济环境变化的有效反应。可以看到，实际经济周期理论与凯恩斯主义和货币主义是对立的，货币是"中性"的。

然而，该理论在对现实经济波动的解释上越来越暴露出缺陷。一方面，亚洲金融危机和美国次贷危机的相继爆发让人们认识到，"金融因素正成为影响实体经济周期波动、引发各国经济危机的重要根源"（周炎和陈昆亭，2014），实际经济周期理论对金融因素的忽视已显得与现实严重不符。另一方面，为了模拟现实经济的短期剧烈波动，实际经济周期理论要求模型中的生产率冲击等实际冲击足

---

① Thomas Cooley ed., *Frontiers of Business Cycle Research*, Princeton: Princeton University Press, 1995.

够大，而这种大冲击缺乏微观证据的支持。金融经济周期理论很好地弥补了这些不足。首先，金融经济周期理论摒弃了实际经济周期理论对经济系统具有完备性的理想假设，通过引入信息不对称和金融摩擦等因素，使理论模型更加符合现实。其次，金融经济周期理论揭示了金融摩擦对冲击的传导和放大作用，这意味着小冲击也能产生大波动，从而有效解决了实际经济周期理论难以解释的大冲击问题。金融经济周期理论对金融因素的关注，符合我们对现实经济的观察，为我们理解和分析现实经济周期波动提供了有效的工具。

宏观经济学家对金融因素影响经济周期波动的关注可以追溯到 Fisher（1933）提出的"债务—通货紧缩"理论，其将金融因素作为导致经济周期的主要原因解释大萧条的产生。根据他的观点，信贷市场条件的恶化，如债务负担的增加和资产价格的下降，并不仅仅是经济衰退的被动结果，相反地，是导致经济衰退的重要原因。然而，相关的理论研究长时间停留在局部均衡分析的层面上，直到 Bernanke 和 Gertler（1989）在一个一般均衡的框架中对这一机制进行了刻画。在此基础上，一批包含金融摩擦的动态随机一般均衡模型涌现出来。其中，最重要的两篇文献分别为 Kiyotaki 和 Moore（1997）对抵押约束机制的研究，以及 Bernanke 等（1999）对外部融资溢价机制的研究。这两种金融摩擦被统称为金融加速器机制（financial accelerator），共同奠定了金融经济周期理论的研究基础。

从方法论的角度，金融经济周期理论继承了实际经济周期理论的建模技术，以动态随机一般均衡（Dynamic Stochastic General Equilibrium, DSGE）模型为理论研究的主要工具。DSGE 模型的优势在于其具备良好的微观基础，从而可以有效避免 Lucas 批判[①]，且其结构性特征为数值模拟和政策分析提供了理想的条件。此外，在 RBC

---

① Lucas（1976）批评了计量经济学的政策评价方法，他认为，如果一个宏观经济模型是基于某项政策实行之前各宏观经济变量之间的关系建立的，那么该模型就无法用于预测政策实行后的效果。

模型的基础上，通过引入垄断竞争的厂商进而引入价格粘性，可以研究货币政策对经济的影响，该类模型也被称为新凯恩斯（New Keynesian, NK）模型（Clarida 等，1999）。

第二节 金融经济周期研究进展

一 金融摩擦与金融加速器机制

金融经济周期理论的基本框架是在对金融加速器机制的研究中奠定的。该机制通过企业的外部融资需求将金融市场与实体经济联系起来。其核心在于由于借贷双方信息不对称的存在，信贷市场面临金融摩擦，从而企业的融资能力依赖于其市场净值。当经济遭受不利的外部冲击时，资产价格的下降会恶化企业的资产负债表、减损企业的市场净值，进而影响企业的借贷能力，导致企业投资减少，经济出现下滑。而经济形势的恶化会导致资产价格进一步下跌，从而使上述过程不断反馈加强，形成金融加速器。

对金融加速器机制的研究主要始于 Bernanke 等（1981，1983，1989）的一系列工作，而"金融加速器"这一名词直到其1996年的论文才被正式引入宏观经济学研究。该论文旨在通过引入金融加速器机制解决长期困扰经济周期研究的难题，即现实经济中的大波动似乎是由小冲击导致的。该论文指出，经济受到的负向冲击会通过恶化信贷市场条件从而被放大。

在此基础上，Kiyotaki 和 Moore（1997），以及 Bernanke 等（1999）采用两种不同的方法引入金融摩擦，正式形成了金融加速器机制的标准框架。Kiyotaki 和 Moore（1997）指出，借贷双方的信息不对称导致企业在获得贷款之际面临一个抵押约束，即企业需以拥有的资产作为抵押品，信贷合约中贷款额度不能超过抵押品价值的一个比例（loan to value ratio, LTV）。Bernanke 等（1999）指出，借贷双方的信息不对称导致企业在获得贷款之际面临一个外部融资溢价，反映着企业的融资成本，其与企业的资产负债表状况或净资产密切相关。可以看到，这两种金融摩擦均源于金融市场的信息不对称，并制约和影响着企业的融资能力，前者着眼于数量角度，后者着眼于价格角度。自此之后，金融经济周期理论的研究基本遵循了这两种方法引入金融摩擦，具体选取哪一种机制可能根据研究目的和研究者的偏好而有所不同。其中，抵押约束机制由于与房地产市场存在着天然的联系，被更多地用于与房地产市场相关问题的研究，推动了房地产经济学在宏观经济领域的兴起，我们将对其单独进行评述。

Bernanke 等（1999）将外部融资溢价机制嵌入到一个标准的新凯恩斯 DSGE 模型中，揭示了其对经济波动的加速器效应。他们指出，企业在借贷时由于信息不对称会面临委托代理问题，信贷合同被设计为使代理成本（Carlstrom 和 Fuerst，1997）最小，而企业的净资产在其中扮演着关键的角色。当经济受到不利的外部冲击时，企业盈利能力下降，净资产遭受损失，这会导致企业的融资成本提高，贷款利率出现更高的风险溢价，而贷款的减少会进一步影响企业的投资产出活动，这一机制放大了冲击对经济波动的影响。

Christensen 和 Dib（2008）将外部融资溢价机制引入一个粘性价格的 DSGE 模型，通过对美国 1979 年以后的宏观数据进行拟合，考察金融加速器机制是否能改善模型的解释力。他们针对包含或不包含金融加速器的两种情形分别建模，并采用含卡尔曼滤波的极大似然方法对模型进行了估计，比较发现，包含金融加速器的模型在统计上显著改善了对现实数据的解释能力。他们认为，金融加速器机制更好地捕捉了现实数据中产出与投资的动态特征。

Queijo von Heideken（2009）在两方面扩展了上述结论，他在数据上同时对美国和欧元区进行了考察和比较，在方法上采用贝叶斯技术对模型进行了估计。研究结果表明，带有金融摩擦的模型在两个地区都得到了数据的支持。比较而言，金融摩擦在欧元区的作用要大于美国，这预示着金融市场结构在冲击的传导以及企业的决策过程中扮演着重要的角色。

国内学者对金融加速器在经济波动中的效应也进行了考察和检验。杜清源和龚六堂（2005）通过向传统的 RBC 模型中引入金融加速器，考察金融市场信息不对称的存在会对经济波动产生怎样的影响。模型的分析基于单一技术冲击下的数值模拟，通过比较发现，金融加速器的引入显著放大了技术冲击的作用效果，提升了模型对现实中较大经济波动的解释能力，从而也验证了金融加速器机制在传导和放大经济波动方面的重要作用。

赵振全等（2007）选取中国 1990—2006 年的宏观数据进行实证研究，为中国经济中金融加速器效应的存在提供了实证证据。他们基于门限向量自回归（TVAR）计量模型，重点检验了信贷市场分别处于"放松"和"紧缩"两种不同情形下宏观经济波动的非线性反应。具体而言，针对不同的外生冲击，经济波动在前一种情形下比在后一种情形下反应要弱。对中国经济增长率的历史分解表明，信贷市场在中国经济波动的产生和传导过程中扮演着重要的角色。从而，金融加速器机制对于理解中国经济波动的动态特征有着重要意义。

袁申国等（2011）以及王立勇等（2012）分别在开放经济和不同粘性条件下对金融加速器效应及其作用机制展开了研究，结果均证实了中国经济中存在着显著的金融加速器效应。梅冬州和龚六堂（2011a，2011b）将 Bernanke 等（1999）的模型推广到小国开放经济中，研究了新兴市场经济国家汇率制度选择、货币错配与汇率升值等问题。

此外，侯成琪和刘颖（2015）还在 DSGE 模型的分析框架下，对抵押约束和外部融资溢价两种形式的金融摩擦展开了比较研究。他们选取中国 2002—2014 年的宏观数据，运用贝叶斯方法对两种情形下的模型分别进行了估计。结果表明，由于存在明显的信贷配给与规模控制等特点，中国的信贷市场更适宜由抵押约束机制进行刻画，而非外部融资溢价机制，表现为前者可以有效提升模型对现实数据的解释力。

二 房地产市场与宏观经济波动

在相当长的时期内，房地产市场都未曾进入主流宏观经济学家的视野，对其的研究大多被归在称为"房地产经济学"的经济学分支里（Iacoviello，2010）。在主流的宏观经济学研究中，房地产或者仅仅被当作众多消费品中的一种，或者干脆被忽视（Leung，2004）。然而，这一情况随着金融经济周期理论的出现和发展有了根本性的改变。宏观经济学家注意到，房地产市场不仅受到整体宏观经济运行的影响，其本身更可能成为造成宏观经济波动的重要推动力。一个显著的例子是，房地产以及房地产金融在美国次贷危机中扮演了核心角色（Bernanke，2008）。

Kiyotaki 和 Moore（1997）率先将房地产价值作为抵押品引入抵押约束机制，说明经济受到的较小冲击会通过信贷约束被放大，引起大的产出波动。他们指出，由于信贷市场的信息不对称问题，借贷只有在有抵押时才会发生。也就是说，由于无法被强制还贷，借款者必须拥有一定数量的资产作为抵押品才可能获得贷款，以防止其无法还贷。这种对抵押品的要求会通过以下机制放大经济波动：经济衰退时，资产价格下降，从而资产作为抵押品的价值下降，导致信贷约束收紧，企业不得不减少借贷，这使得投资减少，经济衰退被进一步加剧。

Aoki 等（2004）在家庭部门中引入金融摩擦，假设房地产既可以作为消费品满足家庭的住房消费需求，同时又可以作为抵押品降低家庭的借贷成本。研究表明房地产的这一性质会显著地传导和放大货币政策冲击对房地产投资、房地产价格以及消费等经济变量的影响。

Iacoviello（2005）在新凯恩斯框架下引入名义债务合约和以房地产价值为抵押的信贷约束，解释房地产价格与宏观经济的波动特征。抵押约束机制在其中的表现为：在一个正向的需求冲击下，需求的增加导致房地产价格的上升，而房地产价格的上升放松了借款者的信贷约束，增加了其借贷能力，导致总需求的进一步上升。通过对模型进行估计并与现实数据进行匹配，抵押约束机制被证明较好地解释了房地产市场与宏观经济变量间的互动特征。

Iacoviello 和 Neri（2010）进一步选取美国 1965—2006 年的季度数据，运用贝叶斯方法对包含上述机制的 DSGE 模型进行了估计。他们尝试对两个重要的问题进行回答。第一，驱动房地产市场波动的主要冲击是什么？方差分解结果表明，房地产需求冲击和房地产技术冲击各能解释房地产投资和房地产价格波动的 1/4；货币政策冲击的解释力稍弱，但却在 21 世纪以来扮演着越来越重要的角色。第二，房地产市场的波动是否会传导至实体经济，产生"溢出效应"？研究表明，该溢出效应是显著的，且集中于消费而非投资。

Liu 等（2013）基于 2008 年美国金融危机的特征事实，认为房地产价格与投资之间的互动关系是解释美国经济波动特征的主要渠道。他们将研究的重点放在对企业（而非家庭）信贷约束的关注上，强调企业融资面临以房地产价值作为抵押的信贷约束，从而导致房地产价格变动的冲击会通过影响企业的借贷能力传导并放大投资和产出波动。为了从数量上检验模型的传导机制，他们运用美国的时间序列数据对模型进行了贝叶斯估计。结果表明，通过企业的抵押约束机制，房地产需求冲击可以解释大约 90% 的房地产价格波动，30%—50% 的投资波动以及 20%—40% 的产出波动。

国内学者也对房地产市场与宏观经济波动的互动关系有所关注。崔光灿（2006）在新凯恩斯模型框架下以一个简单的形式引入房地产部门，并以房地产价格为代表考察资产价格波动是如何通过金融加速器机制影响宏观经济的。研究认为，中国的房地产价格变化存在着显著的金融加速器效应，其构成中国现实经济中资产价格影响宏观经济的一个重要的渠道。房地产价格的金融加速器效应有助于解释中国投资和通胀等宏观经济变量的现实特征。

武康平和胡谍（2011）构建了一个研究房地产市场加速效应的

DSGE 理论模型，并根据中国的实际情况对模型参数进行了校准。他们选择单一的技术冲击考察模型的动态反应，数值模拟结果表明，房地产在中国宏观经济波动中确实会发挥加速器的作用，其对宏观经济变量的影响无论从变化幅度还是持续时间上都产生了显著的放大效果。

王云清等（2013）、侯成琪和龚六堂（2014）通过在模型中引入更多的外生冲击进一步扩展了相关研究。他们分别选取 1999—2011 年、2001—2010 年的中国宏观数据对模型进行了贝叶斯估计，结果均显示，货币政策冲击对中国房地产市场的波动有着显著的影响。从而在政策含义上，其认为央行的货币政策应该对房地产价格进行系统性的反应。

三　金融中介与金融冲击

在美国次贷危机爆发之前，金融经济周期理论所涉及的经济主体主要包括企业、家庭和政府，而银行等金融中介往往只是隐性地存在。然而，此次危机的一个重要特征是金融部门本身就是导致经济波动的重要来源，这促使次贷危机后，金融中介开始被作为独立的经济部门引入金融经济周期理论的分析框架（周炎和陈昆亭，2014）。在 DSGE 模型中显性地引入金融中介主要从两个方面扩展了金融经济周期理论的研究内容：一方面，之前的研究关注借款方参与金融市场时由于金融摩擦而产生的对经济波动的放大效应，而金融中介的引入为刻画和分析来自于贷款方的金融摩擦及其对经济波动的影响提供了可能；另一方面，金融中介的引入便利了对来自金融部门的冲击的研究，使金融冲击成为解释经济波动的可能因素。

Goodfriend 和 McCallum（2007）在模型中引入银行部门，考察了其对货币政策的影响。他们运用美国的数据对模型进行校准，并在此基础上进行了政策模拟分析。研究表明，银行部门的引入使得模型中产生了一系列利率指标，如果中央银行不能够很好地识别不同利率间的区别，则货币政策的制定会出现偏差。模型还考察了两类金融冲击——银行技术冲击和抵押有效性冲击对货币政策有效性的影响。

Van den Heuvel（2008）在模型中对银行施加了资本充足率约束，考察银行监管造成的福利损失。他们指出，出于防范道德风险的目的，银行在现实中受到资本监管。但由于资本监管限制了银行创造流动性的能力，从而会造成福利损失。运用模型对美国数据的测算显示，现行资本充足率监管会导致相当于总消费0.1%—1%的福利损失。

Christiano等（2010）将银行部门引入到一个标准的DSGE模型中，并分别对欧元区和美国的数据进行了拟合。研究表明，金融因素是导致经济波动的决定性因素，其中来自银行部门的金融冲击可以显著地提高模型的解释力，这也为最近这次金融危机的产生和传导提供了注解。

Gertler和Kiyotaki（2010）针对2008年美国金融危机构建了一个包含金融中介和信贷市场摩擦的模型框架，并重点研究了以下两个问题：首先，从危机的传导机制看，金融中介的崩溃是如何导致实体经济出现危机的；其次，从危机的治理政策看，中央银行和财政部的一系列政策措施如何能够化解这次危机。

Gerali等（2010）在DSGE模型中引入垄断竞争的银行部门考察信贷供给因素对经济周期波动的影响。银行吸收存款，并同时向家庭和企业提供贷款，留存的收益用于资本积累，而银行的资产负债表约束将银行部门与实体经济联系起来。他们采用欧元区的数据对模型进行贝叶斯估计，结果表明，第一，银行部门会削弱货币政策冲击的效果，增强供给冲击的效果。第二，源自银行部门的金融冲击可以解释2008年经济衰退的绝大部分，而宏观冲击的解释力则十分有限。第三，未能预期到的银行资本的损失会对经济产生巨大的影响。

Meh和Moran（2010）在DSGE模型中描述了银行资本对银行所面临的代理问题的缓解作用，从而，银行的资产状况影响着其吸收资金发放贷款的能力,并通过银行资本渠道的传导影响经济周期。研究表明,银行资本渠道显著地放大和传导了技术冲击对产出、投资和通胀的影响。此外,银行资本冲击导致了产出和投资的大幅降低。

Gertler 和 Karadi（2011）在 DSGE 模型中引入面临内生资产负债表约束的金融中介,并用该模型分析了中央银行的非传统货币政策。中央银行在发放贷款上不如私人金融中介有效率,但中央银行的优势在于可以通过发行无风险的政府债券筹集资金,且不受资产负债表约束的限制。当经济陷入危机时,私人金融中介的资产负债表约束收紧,政府可以通过信贷政策向市场注入额外的流动性,从而平抑经济波动,提高社会福利水平。

Angeloni 和 Faia（2013）将带有风险性的银行引入宏观模型,考察货币政策的传导及其与银行资本监管间的互动关系。研究发现,扩张的货币政策和正向的技术冲击会增加银行的杠杆率和风险,而基于风险的资本监管会放大经济波动,进而造成福利损失。研究还支持了货币政策规则对资产价格或银行杠杆率进行反应。

Iacoviello（2015）在一个估计的 DSGE 模型中强调了银行部门和金融冲击在经济危机的产生和传导中扮演的核心角色。当银行受到违约冲击而遭受损失后,为满足资本监管,银行被迫执行去杠杆,这使得初始的违约冲击变为信贷冲击,传导至实体经济并放大经济波动。研究表明,2008 年美国经济危机中产出波动的 2/3 可由金融冲击所解释。

Gertler 和 Kiyotaki（2015）在一个包含银行部门的无限期宏观模型中引入了流动性错配和银行挤兑。研究表明,虽然在正常时期银行挤兑的均衡是不存在的,但如果经济处于衰退期则这一可能是存在的。银行挤兑的出现会对金融中介和经济活动造成显著的不利影响。不仅如此,单是对银行可能出现挤兑的预期便会对经济造成伤害,哪怕挤兑并未实际发生。

其他关于金融中介和金融冲击的研究还包括 Kiley 和 Sim

(2011), Kollmann 等（2011），Jermann 和 Quadrini（2012），Andreasen 等（2013），Brunnermeier 和 Sannikov（2014）等。

国内研究方面，许伟和陈斌开（2009）通过构建一个包含银行部门的 DSGE 模型，刻画和考察银行信贷渠道对中国经济波动的影响。利用中国 1993—2005 年的数据，他们从定量的角度在多个冲击下对模型进行了数值模拟，结果与实际数据实现了较好的匹配。研究表明，信贷冲击和货币政策冲击对中国经济波动有着重要影响。

刘鹏和鄢莉莉（2012）将银行体系纳入到一个新凯恩斯的 DSGE 模型中，考察了在单一技术冲击下银行体系对宏观经济波动的影响。研究显示，作为金融中介的银行体系效率越高，则技术冲击对宏观经济波动的影响越小。从而，金融发展有助于平滑外部冲击对宏观经济造成的波动，进而减少社会福利损失。

鄢莉莉和王一鸣（2012）在一个包含金融中介的 DSGE 模型中考察了金融市场冲击对中国经济波动的影响。他们选取 1992—2011 年的数据对模型进行了贝叶斯估计，结果证明了金融市场冲击是中国经济波动的重要来源，并且其影响会随着金融市场的发展而增强。福利分析同样证明了金融发展对社会福利的正面作用。

周炎和陈昆亭（2012）通过构建一个包含金融中介的 DSGE 模型，对银行部门的优化行为进行了刻画。他们选取中国 1992—2011 年的数据对模型进行校准，然后利用其进行模拟实验。结果表明，该模型对实际数据有着较好的拟合效果。在对现实数据的拟合上，张伟进和方振瑞（2013）则强调了金融冲击的作用。他们选取中国 1997—2012 年的数据对一个包含金融冲击的 DSGE 模型进行贝叶斯估计，结果表明，模型能够很好地与实际数据进行匹配。

康立等（2013）建立了一个两部门的 DSGE 模型，并同时在模型中引入了银行部门。他们将两个部门分别设定为房地产部门和制造业部门，并利用中国四大商业银行的分行业贷款数据对模型参数进行了校准。数值模拟表明，由于商业银行同时向两个部门发放贷款，其结果导致经济波动会经由银行从一个部门传导至另一个部门。

具体而言，房地产部门受到的冲击对制造业部门也会产生显著的影响。

康立和龚六堂（2014）将银行部门的上述作用进一步推广到一个小国开放经济的 DSGE 模型中，用于解释经济危机在国家间的传导。在这里，他们将模型中的两个部门分别设定为贸易部门和非贸易部门，并以新兴市场经济为对象校准了模型参数。数值模拟结果表明，出口冲击导致的贸易部门波动会经由银行加速传导至非贸易部门。

王国静和田国强（2014）构建了一个包括多个冲击的 DSGE 模型，用以量化评估金融冲击对中国经济波动的影响大小。他们选取 1992—2011 年的数据对模型进行贝叶斯估计，方差分解结果表明，金融冲击是中国经济波动背后最主要的驱动力。脉冲反应进一步显示，金融冲击对实体经济变量的影响不仅幅度大，而且持续性强。

第三节　现有文献的不足

美国次贷危机的爆发及其引发的国际金融危机，催生了大量关于金融市场对经济波动影响的研究，对金融因素的关注已成为经济波动研究乃至宏观经济学研究的热点，并已形成一个重要的新兴研究领域，即金融经济周期理论。金融经济周期理论有效地弥补了实际经济周期理论在解释现实经济波动中的不足，代表着宏观经济周期理论的变革和前沿。近年来，金融经济周期理论在对金融摩擦与金融加速器机制、房地产与宏观经济波动以及金融中介与金融冲击等热点问题的研究上取得了备受瞩目的进展。

但现有文献对中国经济的研究仍较为缺乏，尤其缺少将该领域的前沿进展应用于中国问题的研究。随着中国金融市场的快速发展以及市场化改革的不断加深，金融经济周期理论对我们理解和分析现实的中国经济问题具有重要意义。另外，现有文献对中国经济的研究存在直接套用国外理论方法的现象，缺少对中国制度特色的关注。事实上，中国的金融市场具有众多区别于西方发达国家的特点，所面临的摩擦和冲击反映着其制度上的独特性，这为金融经济周期理论研究提供了丰富的素材，同时也要求对理论模型进行针对中国实际的扩展与重构。可以预见，把金融经济周期理论的前沿方法与中国的现实经济问题相结合，将成为未来一段时期内宏观经济研究的热点方向，本书尝试作出一些有益的探索。

第 三 章

金融摩擦与地方政府土地财政

从金融经济周期的视角出发,本书首先关注中国的房地产市场。中国房地产市场的一个显著的特殊性在于地方政府的土地财政行为,本章将地方政府的土地财政行为纳入到一个 DSGE 模型框架中,并同时对地方政府和企业面临的金融摩擦进行刻画,进而分析土地财政对经济波动的影响。运用中国宏观数据对该模型进行贝叶斯估计,并对房地产市场上的冲击进行识别。在此基础上的模型分析表明,地方政府土地财政行为的存在,一方面会显著地放大房地产市场的波动,另一方面会将房地产市场的波动传导到实体经济,放大消费、投资和产出波动。模型产生的脉冲反应与来自 VAR 的实证证据可以实现较好的匹配,意味着中国地方政府的土地财政行为无论对于房地产市场的波动还是对于宏观经济的波动都产生了重要的影响。进一步的福利分析表明,土地财政带来了显著的社会福利损失,且地方政府对土地财政的依赖程度越强,福利损失越大。基于此,本章还探讨了地方政府减少社会福利损失的可能性及其政策含义。

第一节 引言

作为中国地方政府用来缓解财政收入不足和筹集建设发展资金

的独特且重要的手段，土地财政备受学界的关注。对于中国土地财政存在的原因，学界主要从两个方面进行了解释。一方面，分税制改革导致的地方政府财权与事权的不匹配，成为土地财政出现的直接诱因。"财权上移"和"事权留置"造成地方财政收入和支出间的巨大缺口，促使各地方政府通过扩大预算外收入来缓解财政压力，土地财政已成为地方政府的"第二财政"（周飞舟，2006；吴群和李永乐，2010；辛波和于淑俐，2010；罗必良，2010）。另一方面，中国地方官员的考核与晋升（周黎安，2007），为土地财政的存在提供了内在激励。李郇等（2013）、刘佳等（2012）均表明，至少从数据上，不能说明分税制改革直接导致土地财政大幅度增长，土地财政背后应存在更为根本的激励制度；蒋震和邢军（2011）认为，在当前分税制条件下，中国地方政府以经济内容为主的政绩考核机制及其引发的地方政府竞争，使得土地财政成为地方政府的必然选择；刘佳等（2012）基于晋升锦标赛理论，采用中国2003—2008年257个地级市政府的非平衡面板数据，分析了官员晋升竞争对土地财政的影响，研究发现地方政府官员晋升竞争是引发土地财政的根本原因，且这一发现具有较好的稳健性；李勇刚等（2013）利用中国1999—2010年31个省市区的面板数据，通过构建面板联立方程模型，验证了晋升激励与土地财政存在显著的正向互动关系。

正是基于土地财政与晋升激励的上述关系，现有文献对土地财政经济效应的探讨，大多集中于土地财政对经济增长的影响。杜雪君等（2009）基于省际面板数据的研究表明，土地财政对经济增长存在显著的正影响，其影响机理是土地财政提高了地方政府的积极性、增加地方政府的收入和支出，并增加固定资产投资；辛波和于淑俐（2010）通过实证分析表明，土地财政是导致地方经济增长的重要原因，地方经济增长对于土地财政具有较强的依赖性；李勇刚等（2013）研究表明，晋升激励和土地财政对经济增长的影响显著为正，地方政府的晋升激励和土地财政是中国经济长期保持较快增速的重要原因。

然而，基于以下原因，土地财政对经济波动的影响同样应得到重视。第一，已有研究表明，中国地方政府行为会对经济波动产生重要影响。周业安和章泉（2008）利用1986—2004年中国省级面板数据，发现财政分权是导致经济波动的重要原因；郭庆旺和贾俊雪（2006）通过对一个三阶段序贯博弈模型的分析表明，在财政利益和政治晋升的双重激励下，地方政府行为会对宏观经济稳定产生巨大冲击；李猛和沈坤荣（2010）对中国经济波动冲击源进行了完整的分解，研究表明，中国经济波动有大约30%的部分来源于地方政府冲击。第二，土地财政直接将地方政府与房地产市场的波动联系起来。况伟大（2012）构建了一个包含购房者、开发商和政府的三部门一般均衡模型，并假设地方政府追求财政收入最大化，从而将地方政府的财政行为与地价和房价联系起来；况伟大和李涛（2012）还进一步考察了土地出让方式对地价和房价的影响；张双长和李稻葵（2010）从地方政府的土地财政与当地房地产价格变动之间的关系出发，通过对历史数据进行回归分析，发现在控制了其他房地产价格影响因素之后，地方政府对土地财政的依赖程度越高，城市的房地产价格上涨越快；吕炜和刘晨晖（2012）基于省际面板数据的测算与实证研究表明，在房地产市场上，中国绝大多数省份从2003年起开始出现明显的投机泡沫，且各地的泡沫均从2005年开始出现剧增的情形，而土地财政已成为中国房地产投机泡沫积累起来的重要原因。第三，地方政府以土地为杠杆借债融资的模式，促使我们关注其产生的经济波动特征。2008年国际金融危机之后，伴随着地方融资平台的迅猛发展，地方政府债务规模已逐渐引发关注。2015年《中华人民共和国预算法》（以下简称《预算法》）的实施[①]，更将使地方政府债务在地方

---

① 2014年8月31日，全国人大常委会表决通过了关于修改《预算法》的决定，并自2015年1月1日起施行。修改后的《预算法》规定，"经国务院批准的省、自治区、直辖市的预算中必需的建设投资的部分资金，可以在国务院确定的限额内，通过发行地方政府债券举借债务的方式筹措"。这是中国首次从法律上明确允许地方政府举债。

经济发展中扮演越来越重要的角色。对地方政府债务融资风险的研究表明，中国地方政府高度依赖土地出让收入偿债使得土地财政的风险与地方债务的风险交织在一起（何杨和满燕云，2012；梅建明，2011）。

本章在 Iacoviello（2005）、Iacoviello 和 Neri（2010），以及 Liu 等（2013）的模型基础上，将地方政府的土地财政行为纳入到一个动态随机一般均衡框架中，刻画和分析其在经济波动的传导中所扮演的角色。本章运用中国宏观数据对模型进行了估计，并对模型受到来自房地产市场的冲击后的反应进行了数值模拟。研究发现，地方政府土地财政行为的存在，一方面会显著地放大房地产市场的波动，另一方面会将房地产市场的波动传导到实体经济，放大消费、投资和产出波动。同时，模型产生的脉冲反应与来自 VAR 的实证证据实现了较好的匹配。在此基础上，本章进一步探讨了模型的福利含义。福利分析表明，土地财政带来了显著的社会福利损失，且地方政府对土地财政的依赖程度越强，福利损失越大。而政府通过土地供给政策的运用，可以一定程度上缓解这一过程。

本章接下来的结构安排如下：第二节通过一个 VAR 模型给出房地产市场与实体经济主要变量间关系的实证证据；第三节构建一个包含家庭、企业和地方政府的 DSGE 模型；第四节对模型进行贝叶斯估计；第五节对模型的动态特征进行数值分析；最后一节进行总结。

第二节　土地价格与经济波动：来自 VAR 的证据

在构建理论模型之前，本章首先通过一个 VAR 模型，给出房地产市场与实体经济主要变量在数据上的关系。为尽可能增加观测样本，选取以下变量的月度时间序列，包括土地价格、消费、投资和产出，样本区间为2005年1月至2015年12月①。其中，土地价格由房地产开发企业土地成交价款与土地购置面积计算得到；消费采用人均社会消费品零售额；投资采用人均固定资产投资额；产出利用Chow和Lin（1971）的方法，借助宏观经济景气指数将季度人均国内生产总值转换为月度数据。所有数据通过CPI定基指数转换为实际值，采用X-13方法进行季节调整，并采用HP滤波剔除长期趋势。

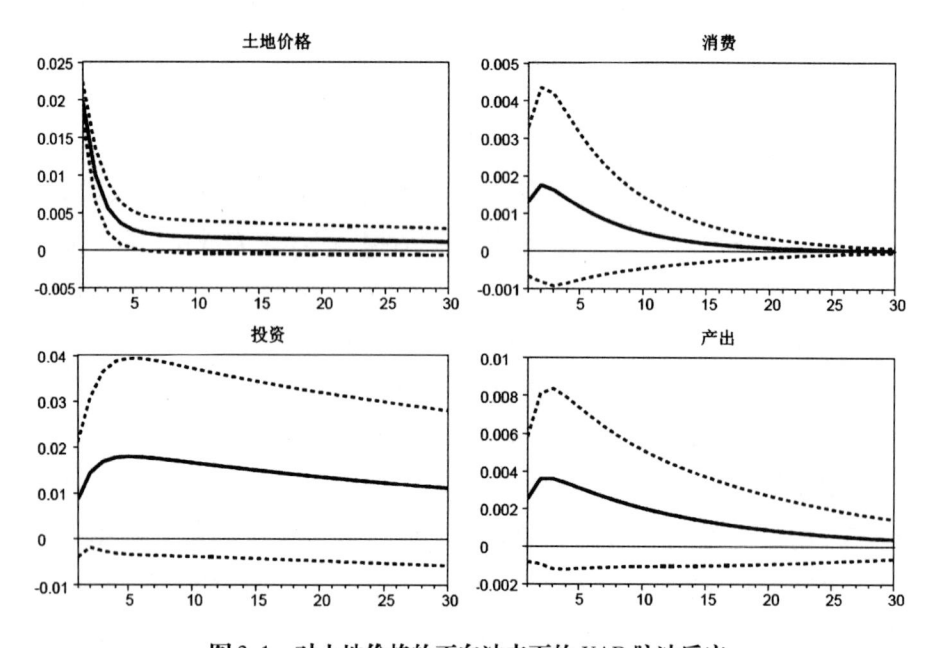

图3.1 对土地价格的正向冲击下的VAR脉冲反应

资料来源：笔者自制。

图3.1显示了在一个对土地价格的正向冲击下各变量的VAR脉冲反应②，虚线表示95%的置信区间。可以看到，冲击导致土地价

---

① 数据来源为中经网统计数据库。
② 这里采用基于Choleski分解的递归VAR模型。为避免变量排序对结果的影响，将土地价格与其余变量分别进行回归。土地价格的反应在每一组中都类似，简化起见，这里不一一报告。

格与各实体经济变量都产生了持续性的上升。在后文中，将通过模型对导致土地价格波动的冲击进行识别，分析冲击的传导机制，并将模型的脉冲反应与 VAR 结果进行比较，以验证模型的解释力。

第三节 理论模型

考虑一个离散时间、无穷期的经济。该经济包含三类主体：代表性家庭、代表性企业以及地方政府。

一 家庭

家庭的效用函数建立在消费 $C_{h,t}$、房地产持有 $L_{h,t}$ 以及劳动时间 N_t 的基础上，其目标函数为：

$$E_0 \sum_{t=0}^{\infty} \beta_h^t \left(\log C_{h,t} + j_t \log L_{h,t} - \kappa \frac{N_t^{1+\varphi}}{1+\varphi} \right) \quad (3.1)$$

其中，β_h 为家庭的贴现因子，j_t 为房地产需求冲击，φ 为劳动供给弹性的倒数。

家庭的预算约束为：

$$C_{h,t} + S_t + (1+\tau) q_{L,t} L_{h,t} = W_t N_t + R_{t-1} S_{t-1} + q_{L,t} L_{h,t-1} \quad (3.2)$$

其中，S_t 为家庭购买的债券，R_t 为利率，W_t 为工资，$q_{L,t}$ 为土地价格。通过对土地价值征税的形式表示地方政府的土地收益[①]，假设 τ 为税率，衡量土地收益比例。

家庭在预算约束（3.2）下，最大化其目标函数（3.1），最优性条件为：

$$\Lambda_{h,t} R_t = 1 \quad (3.3)$$

[①] 现实中，地方政府通过向房地产开发商出让土地获得土地收益，开发商再投入土地进行房地产的生产。简化起见，借鉴 Liu 等（2013）省略了房地产的生产。

$$(1+\tau)q_{L,t} = \frac{j_t C_{h,t}}{L_{h,t}} + \Lambda_{h,t} E_t q_{L,t+1} \qquad (3.4)$$

$$\frac{W_t}{C_{h,t}} = \kappa N_t^{\varphi} \qquad (3.5)$$

式（3.3）为家庭债务的欧拉方程，其中 $\Lambda_{h,t} \equiv \beta_h E_t(C_{h,t}/C_{h,t+1})$ 为随机贴现因子。式（3.4）为土地的欧拉方程，表示土地的相对价格等于其边际收益。式（3.5）为劳动供给方程，表示工资等于休闲和收入的边际替代率。

二 企业

企业投入劳动、资本和土地进行生产。特别地，类似 Arrow 和 Kurz（1970）、Barro（1990）等，本章考虑地方政府支出的生产特性。首先，相关研究为中国地方财政的生产性支出偏向提供了有力的证据。傅勇和张晏（2007）利用1994—2004年省级面板数据的实证研究表明，中国的财政分权以及基于政绩考核下的政府竞争，造成地方政府公共支出结构"重基本建设、轻人力资本投资和公共服务"的明显扭曲；尹恒和朱虹（2011）基于2067个县市2001—2005年财政经济数据的实证研究同样证明，地方政府追求尽可能高的经济增长率，而非居民福利最大化，导致其财政决策偏向生产性支出。其次，这里考察的地方政府支出 G_t 对应通过土地财政和地方债务形成的财政支出，在用途上具有显著的生产性。一方面，以地方融资平台为代表的债务融资的根本属性就是为地方基础设施建设筹集资金（马柱和王洁，2013；梅建明，2011）。另一方面，地方政府依靠土地出让收入来维持地方财政支出的土地财政，属于预算外资金。在中国，地方政府的预算外资金主要用于基础设施建设，而地方政府预算内资金对于基本建设方面的支出受到很多限制，主要用于投资公共消费，故预算外资金通常被称为"经济发展财政"或者"建设财政"，而预算内资金被称为"公共消费财政"或者"吃饭财政"（平新乔和白洁，2006；周飞舟，2006）。

本章遵循 Arrow-Kurz-Barro 的形式设定企业的生产函数①：

$$Y_t = a_t N_t^{1-\alpha} (K_{t-1}^{\psi_K} L_{e,t-1}^{\psi_L} G_{t-1}^{1-\psi_K-\psi_L})^{\alpha} \tag{3.6}$$

其中，Y_t 为产出，a_t 为技术冲击，N_t，K_t，$L_{e,t}$ 和 G_t 分别表示投入的劳动、资本、土地和政府支出，α，ψ_K 和 ψ_L 用于度量各生产要素的产出弹性。

企业面临的预算约束为：

$$C_{e,t} + W_t N_t + R_{t-1} B_{t-1} + (1+\tau) q_{L,t} L_{e,t} + I_t = Y_t + B_t + q_{L,t} L_{e,t-1} \tag{3.7}$$

其中，$C_{e,t}$ 为企业的消费，B_t 为债务，I_t 为投资。

企业的资本积累方程为：

$$K_t = (1-\delta) K_{t-1} + \left[1 - \frac{\Omega}{2}\left(\frac{I_t}{I_{t-1}} - 1\right)^2\right] I_t \tag{3.8}$$

其中，δ 为资本折旧率，Ω 为调整成本系数。

企业可以将土地和资本的价值作为抵押举借债务，其面临如下的信贷约束：

$$B_t \leq \mu E_t (q_{L,t+1} L_{e,t} + q_{K,t+1} K_t) \tag{3.9}$$

其中，μ 为抵押率，$q_{K,t}$ 为资本的相对价格。

企业在式（3.6）—式（3.9）的约束下，最大化自己的贴现效用和：

$$E_0 \sum_{t=0}^{\infty} \beta_e^t \log C_{e,t} \tag{3.10}$$

其中，β_e 为企业的贴现因子。

最优性条件为：

$$1 - \lambda_{e,t} = \Lambda_{e,t} R_t \tag{3.11}$$

$$(1+\tau) q_{L,t} - \mu \lambda_{e,t} E_t q_{L,t+1} = \Lambda_{e,t} E_t \left(\frac{\alpha \psi_L Y_{t+1}}{L_{e,t}} + q_{L,t+1}\right) \tag{3.12}$$

---

① 该形式的生产函数在研究地方财政的文献中被广为采用，参见 Gong 和 Zou (2011，2002)、Devarajan 等（1996）、尹恒和杨龙见等（2014）。

$$q_{K,t} - \mu\lambda_{e,t}E_t q_{K,t+1} = \Lambda_{e,t}E_t\left[\frac{\alpha\psi_K Y_{t+1}}{K_t} + (1-\delta)q_{K,t+1}\right] \quad (3.13)$$

$$1 = q_{K,t}\left[1 - \frac{\Omega}{2}\left(\frac{I_t}{I_{t-1}} - 1\right)^2 - \Omega\left(\frac{I_t}{I_{t-1}} - 1\right)\frac{I_t}{I_{t-1}}\right] + \\ \Omega\Lambda_{e,t}E_t q_{K,t+1}\left(\frac{I_{t+1}}{I_t} - 1\right)\left(\frac{I_{t+1}}{I_t}\right)^2 \quad (3.14)$$

$$W_t N_t = (1-\alpha)Y_t \quad (3.15)$$

式（3.11）为企业债务的欧拉方程，其中 $\lambda_{e,t}$ 为对应信贷约束的拉格朗日乘子，$\Lambda_{e,t} \equiv \beta_e E_t(C_{e,t}/C_{e,t+1})$ 为随机贴现因子。式（3.12）为土地的欧拉方程，表示土地的价格等于土地未来边际产出以及未来价值的现值，加上土地作为抵押品的价值。式（3.13）为资本的欧拉方程，表示资本的影子价格等于资本未来边际产出以及未来价值的现值，加上资本作为抵押品的价值。式（3.14）为投资的欧拉方程，表示投资的边际成本等于资本的边际收益。式（3.15）为劳动需求方程，表示工资等于劳动的边际产出。

三 地方政府

刻画地方政府的土地财政行为，首先需要设定与之相适应的目标函数，即土地财政行为存在的目的或原因。而如前所述，在当前分税制条件下，中国地方政府以 GDP 和财政为主的政绩考核机制及其引发的地方政府竞争，构成了地方政府土地财政行为的内在激励。与之相适应地，本章设定地方政府通过推动政府支出①规模的扩张追求自身效用最大化，其目标函数为：

$$E_0 \sum_{t=0}^{\infty} \beta_g^t \log G_t \quad (3.16)$$

其中，β_g 为地方政府的贴现因子。

---

① 需要指出的是，这里的地方政府支出 G_t 仅对应通过土地财政和地方债务形成的财政支出。正如前文所述，G_t 具有显著的生产特性。从而，这里对地方政府目标函数的设定，与地方政府追求 GDP 等经济指标的行为目标是一致的。

在短期土地供给不变的假设下，本章通过对土地价值征税的形式引入土地财政，用 $\tau q_{L,t}(x_t \bar{L})$ 表示地方政府获得的土地收益。其中，$\bar{L}$ 为土地供给，x_t 为土地供给冲击。进一步地，本章引入地方政府债务 D_t。则地方政府的预算约束为：

$$G_t + R_{t-1}D_{t-1} = \tau q_{L,t}(x_t \bar{L}) + D_t \qquad (3.17)$$

中国地方政府债务对土地财政的高度依赖，本质上体现为地方政府以未来的土地收益作为抵押举借债务。本章通过引入以下的信贷约束来刻画地方政府的这一行为特征：

$$D_t \leq \nu E_t[\tau q_{L,t+1}(x_{t+1}\bar{L})] \qquad (3.18)$$

其中，ν 为抵押率。

地方政府在预算约束（3.17）和信贷约束（3.18）下，通过选择支出规模和债务规模来最大化其目标函数（3.16），最优性条件为：

$$1 - \lambda_{g,t} = \Lambda_{g,t}R_t \qquad (3.19)$$

式（3.19）为地方政府债务的欧拉方程，其中 $\lambda_{g,t}$ 为对应信贷约束的拉格朗日乘子，$\Lambda_{g,t} \equiv \beta_g E_t(G_t/G_{t+1})$。

四 宏观均衡

笔者将宏观均衡定义为：

（Ⅰ）经济资源的配置 $\{C_{h,t}, C_{e,t}, I_t, G_t, Y_t, L_{h,t}, L_{e,t}, K_t, N_t, S_t, B_t, D_t\}_{t=0}^{\infty}$ 以及 $\{q_{L,t}, q_{K,t}, W_t, R_t, \Lambda_{h,t}, \Lambda_{e,t}, \Lambda_{g,t}, \lambda_{e,t}, \lambda_{g,t}\}_{t=0}^{\infty}$ 满足上面所有的最优性条件。

（Ⅱ）经济中所有市场同时出清，其中，产品市场、信贷市场以及房地产市场满足以下的市场出清条件：

$$C_{h,t} + C_{e,t} + \left[1 - \frac{\Omega}{2}\left(\frac{I_t}{I_{t-1}} - 1\right)^2\right]I_t + G_t = Y_t \qquad (3.20)$$

$$B_t + D_t = S_t \qquad (3.21)$$

$$L_{h,t} + L_{e,t} = x_t \bar{L} \qquad (3.22)$$

（Ⅲ）市场上存在三个外生冲击，分别为技术冲击、房地产需求冲击和土地供给冲击，给定其服从如下的 AR（1）过程：

$$\log\left(\frac{a_t}{a}\right) = \rho_a \log\left(\frac{a_{t-1}}{a}\right) + \varepsilon_{a,t} \tag{3.23}$$

$$\log\left(\frac{j_t}{j}\right) = \rho_j \log\left(\frac{j_{t-1}}{j}\right) + \varepsilon_{j,t} \tag{3.24}$$

$$\log\left(\frac{x_t}{x}\right) = \rho_x \log\left(\frac{x_{t-1}}{x}\right) + \varepsilon_{x,t} \tag{3.25}$$

笔者将该动态系统在其稳态①（steady state）附近对数线性化，得到本章的主模型：

（1）产品市场

$$\hat{Y}_t = C_h \hat{C}_{h,t} + C_e \hat{C}_{e,t} + I \hat{I}_t + G \hat{G}_t \tag{3.26}$$

$$\hat{Y}_t = \hat{a}_t + (1-\alpha)\hat{N}_t + \alpha\psi_K \hat{K}_{t-1} + \alpha\psi_L \hat{L}_{e,t-1} + \alpha(1-\psi_K-\psi_L)\hat{G}_{t-1} \tag{3.27}$$

$$\hat{\Lambda}_{h,t} = \hat{C}_{h,t} - \hat{C}_{h,t+1} \tag{3.28}$$

$$\hat{\Lambda}_{e,t} = \hat{C}_{e,t} - \hat{C}_{e,t+1} \tag{3.29}$$

$$\hat{\Lambda}_{g,t} = \hat{G}_t - \hat{G}_{t+1} \tag{3.30}$$

（2）房地产市场

$$L_h \hat{L}_{h,t} + L_e \hat{L}_{e,t} = \hat{x}_t \tag{3.31}$$

$$(1+\tau)q_L \hat{q}_{L,t} = \frac{jC_h}{L_h}(\hat{j}_t + \hat{C}_{h,t} - \hat{L}_{h,t}) + \Lambda_h q_L(\hat{\Lambda}_{h,t} + \hat{q}_{L,t+1}) \tag{3.32}$$

$$\begin{aligned}&(1+\tau)q_L \hat{q}_{L,t} - \mu\lambda_e q_L(\hat{\lambda}_{e,t} + \hat{q}_{L,t+1}) \\ &= \frac{\alpha\psi_L \Lambda_e}{L_e}(\hat{\Lambda}_{e,t} + \hat{Y}_{t+1} - \hat{L}_{e,t}) + \Lambda_e q_L(\hat{\Lambda}_{e,t} + \hat{q}_{L,t+1})\end{aligned} \tag{3.33}$$

---

① 对模型稳态的计算详见附录 B。

（3）劳动力市场

$$\hat{W}_t - \hat{C}_{h,t} = \varphi \hat{N}_t \tag{3.34}$$

$$\hat{W}_t = \hat{Y}_t - \hat{N}_t \tag{3.35}$$

（4）信贷市场

$$S\hat{S}_t = B\hat{B}_t + D\hat{D}_t \tag{3.36}$$

$$\hat{\Lambda}_{h,t} + \hat{R}_t = 0 \tag{3.37}$$

$$B\hat{B}_t = \mu q_L L_e (\hat{q}_{L,t+1} + \hat{L}_{e,t}) + \mu K (\hat{q}_{K,t+1} + \hat{K}_t) \tag{3.38}$$

$$-\frac{\lambda_e \hat{\lambda}_{e,t}}{1 - \lambda_e} = \hat{\Lambda}_{e,t} + \hat{R}_t \tag{3.39}$$

$$\hat{D}_t = \hat{q}_{t+1} + \hat{x}_{t+1} \tag{3.40}$$

$$-\frac{\lambda_g \hat{\lambda}_{g,t}}{1 - \lambda_g} = \hat{\Lambda}_{g,t} + \hat{R}_t \tag{3.41}$$

（5）动态积累过程

$$\hat{K}_t = (1-\delta)\hat{K}_{t-1} + \delta \hat{I}_t \tag{3.42}$$

$$\hat{q}_{K,t} - \mu \lambda_e (\hat{\lambda}_{e,t} + \hat{q}_{K,t+1}) \\ = \frac{\alpha \psi_K \Lambda_e}{K} (\hat{\Lambda}_{e,t} + \hat{Y}_{t+1} - \hat{K}_t) + (1-\delta)\Lambda_e (\hat{\Lambda}_{e,t} + \hat{q}_{K,t+1}) \tag{3.43}$$

$$\hat{q}_{K,t} = \Omega(\hat{I}_t - \hat{I}_{t-1}) - \Lambda_e \Omega(\hat{I}_{t+1} - \hat{I}_t) \tag{3.44}$$

$$C_e \hat{C}_{e,t} + WN(\hat{W}_t + \hat{N}_t) + RB(\hat{R}_{t-1} + \hat{B}_{t-1}) + (1+\tau)q_L L_e(\hat{q}_{L,t} + \hat{L}_{e,t}) \\ + I\hat{I}_t = \hat{Y}_t + B\hat{B}_t + q_L L_e(\hat{q}_{L,t} + \hat{L}_{e,t-1}) \tag{3.45}$$

$$G\hat{G}_t + RD(\hat{R}_{t-1} + \hat{D}_{t-1}) = \tau q_L(\hat{q}_{L,t} + \hat{x}_t) + D\hat{D}_t \tag{3.46}$$

（6）外生冲击过程

$$\hat{a}_t = \rho_a \hat{a}_{t-1} + \varepsilon_a \tag{3.47}$$

$$\hat{j}_t = \rho_j \hat{j}_{t-1} + \varepsilon_j \tag{3.48}$$

$$\hat{x}_t = \rho_x \hat{x}_{t-1} + \varepsilon_x \qquad (3.49)$$

第四节　模型估计

本章运用贝叶斯方法对模型进行估计。选择的观测变量为土地价格、产出与投资。根据中国经济特征以及国内外相关研究，本章先对部分模型参数进行赋值，以提高估计的有效性，表 3.1 总结了参数的赋值情况。其中值得说明的是，为保证信贷约束在稳态附近可以得到满足，本章设家庭具有更高的耐心程度①，取家庭的贴现因子为 0.997，取企业和地方政府的贴现因子为 0.98。此外，根据中国房地产市场的现状，土地成本的占比一般为 30%—50%，本章取土地收益比例为 0.3。模型中的其余结构参数由贝叶斯估计得到，相关参数的先验分布与估计结果见表 3.2。

表 3.1　　　　　　　　　　模型参数赋值

描述	参数	取值
家庭贴现因子	β_h	0.997
企业贴现因子	β_e	0.98
地方政府贴现因子	β_g	0.98
土地偏好系数	j	0.1
劳动偏好系数	κ	1
劳动产出弹性	$1-\alpha$	0.6
资本折旧率	δ	0.025
土地收益比例	τ	0.3

资料来源：笔者自制。

---

① 可以证明，只要 $\beta_e < \beta_h$，则企业的信贷约束在稳态附近等式成立，因为 $\lambda_e = 1 - \Lambda_e R = 1 - \beta_e/\beta_h > 0$。类似可以证明，只要 $\beta_g < \beta_h$，则地方政府的信贷约束在稳态附近也等式成立。

表 3.2　　　　　　模型参数的先验分布与估计结果

参数	先验分布			后验分布	
	分布	均值	标准差	均值	90%置信区间
φ	gamma	0.5	0.1	0.7381	0.5492　0.9440
Ω	gamma	5	0.5	2.4516	2.4442　2.4615
ψ_K	beta	0.15	0.01	0.1274	0.1201　0.1327
ψ_L	beta	0.075	0.01	0.0743	0.0726　0.0758
μ	beta	0.1	0.01	0.1351	0.1194　0.1525
ν	beta	0.1	0.01	0.1010	0.0838　0.1180
ρ_a	beta	0.8	0.1	0.6772	0.6498　0.7081
ρ_j	beta	0.8	0.1	0.8985	0.8890　0.9079
ρ_x	beta	0.8	0.1	0.5748	0.5162　0.6334
σ_a	invg	0.1	0.01	0.1053	0.0953　0.1141
σ_j	invg	0.1	0.01	0.2175	0.2168　0.2180
σ_x	invg	0.1	0.01	0.2161	0.2136　0.2180

资料来源：笔者自制。

第五节　模型分析

一　房地产市场冲击的识别

经过估计的模型，首先有助于我们识别导致房地产市场波动的主要冲击[①]。表3.3给出了土地价格和五个重要宏观经济变量的方差分解结果。可以看到，房地产需求冲击解释了大约70%的土地价格波动，成为驱动房地产市场波动的主要力量。这一结果与Iacoviello和Neri（2010）以及Liu等（2013）的研究一致。根据上述研究，房地产需求冲击一方面可以简单理解为家庭对房地产偏好的变化，

---

① 冲击过程参见附录A中的图A.1。

另一方面也是对模型没有刻画的其他影响房地产需求的冲击的简化性表述。

根据代表性家庭对土地的欧拉方程,如果没有房地产需求冲击,土地价格与消费支出的波动将保持一致。但在现实数据中,土地价格比消费支出表现出更大的波动性。技术冲击虽然可以在很大程度上解释消费、投资和产出波动,却难以产生我们观察到的土地价格波动。这与 Kocherlakota（2000）以及 Cordoba 和 Ripoll（2004）相一致,其表明技术冲击通过信贷约束产生的放大和传导效应是很弱的。相反,房地产需求冲击通过直接影响房地产和消费的边际替代率可以产生足够大的土地价格波动,且这一过程并不需要产生消费的高度波动。这里房地产需求冲击对土地价格的作用与 Davis 和 Heathcote（2007）相一致,其通过回归证明了土地价格主要受到传统上与房地产需求相关的因素的影响。

表 3.3　　　　　　　　　　主要经济变量的方差分解

	ε_a	ε_j	ε_x
土地价格	17.55	69.35	13.10
地方政府支出	19.79	75.05	5.16
地方政府债务	15.35	80.64	4.01
消费	75.53	21.55	2.92
投资	54.84	42.87	2.29
产出	66.88	30.13	2.99

资料来源：笔者自制。

二　土地财政对经济波动的放大和传导

在识别出影响房地产市场的主要冲击之后,本章考察地方政府土地财政在经济波动传导中所扮演的角色。图 3.2 给出了经济在一个正向的房地产需求冲击下的脉冲反应。可以看到,冲击导致土地价格的显著上涨。土地价格的上涨从两个方面推动了地方政府支出的增加：一方面，土地价格的上涨直接增加了地方政府出让土地的收益；另一方面，土地价格的上涨放松了政府的信贷约束，使地方政府债务得以增加。伴随着地方政府支出的增加，房地产市场的波动被传导到实体经济，导致消费、投资和产出的增加。

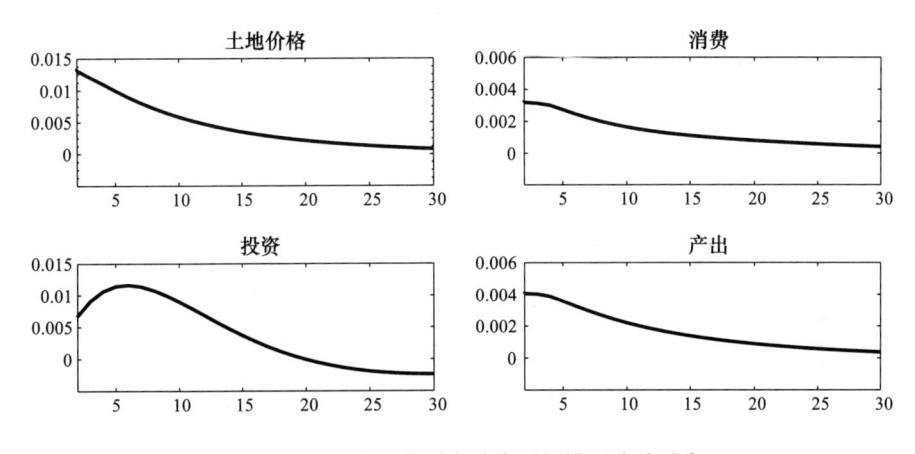

图 3.2　正向房地产需求冲击下的模型脉冲反应

资料来源：笔者自制。

地方政府在上述过程中的作用可以从表 3.3 的方差分解结果中进一步得到印证。房地产需求冲击导致了大约 70% 的土地价格波动，进而导致了地方政府大约 80% 的债务波动以及 75% 的支出波动①。通过地方政府，房地产市场的波动被传导到实体经济，导致了大约 20% 的消费波动、大约 40% 的投资波动以及大约 30% 的产出波动。

通过图 3.1 与图 3.2 的对比可以看到，模型产生的脉冲反应与来自 VAR 的证据实现了较好的匹配。本章认为，在中国特殊的财政体系下，地方政府的土地财政行为在经济波动的传导中扮演着重要的角色。为进一步验证这一点，本章在反事实模拟中去掉地方政府部门，然后对比在相同的房地产需求冲击下模型的脉冲反应。结果

---

① 本章分别对土地价格和地方政府债务的冲击源进行了分解，详见附录 A 中的图 A.2 和图 A.3。

如图 3.3 所示，实线表示考虑地方政府的模型反应，虚线表示去掉地方政府的模型反应。可以看到，在考虑地方政府土地财政因素后，无论是房地产市场还是实体经济都产生了更大的波动。

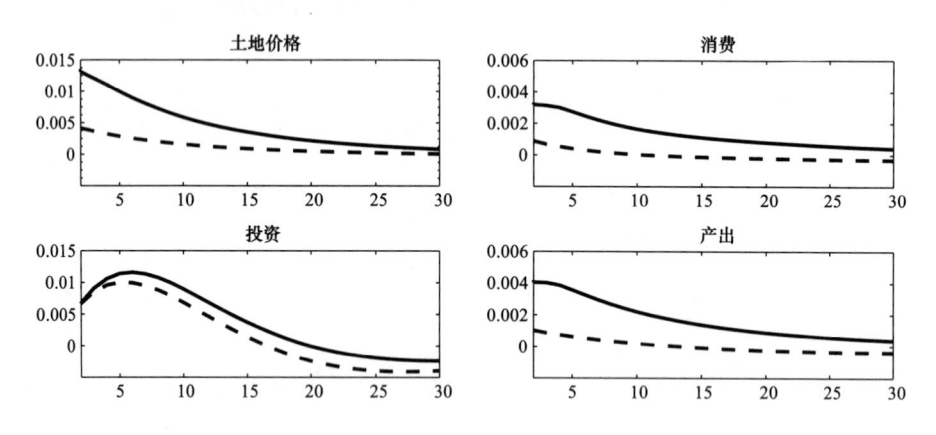

图 3.3　正向房地产需求冲击下不同模型的脉冲反应

资料来源：笔者自制。

本章通过图 3.4 阐明地方政府土地财政对经济波动的放大作用。图 3.4 中，L_h 和 L_e 分别表示家庭和企业持有的土地，q_L 为土地价格。假设经济最初处于稳态 A 点，此时，本章考察一个正向的房地产需求冲击的影响。首先，冲击使家庭的需求曲线上移，均衡点由 A 点移动到 B 点，土地价格上升，土地由企业向家庭转移，这一过程为标准的 RBC 模型效应。其次，土地价格的上升放松了企业的信贷约束，导致企业的需求曲线上移，从而进一步推高土地价格，经济的均衡点由 B 点移动到 C 点，这一过程为企业信贷约束的抵押品效应。在此基础上，本章进一步考察地方政府土地财政的作用。如之前所述，土地价格的上涨会从两个方面推动地方政府支出的增加：一方面，土地价格的上涨直接增加了地方政府出让土地的收益；另一方面，土地价格的上涨放松了政府的信贷约束，使地方政府债务得以增加。由于地方政府支出和土地在生产中的互补性，政府支出的增加会提高土地的边际产出，从而进一步放松企业的信贷约束，同时推高企业的需求曲线。地方政府土地财政的这一作用使土地价格的自我强化机制被进一步放大，经济由 C 点最终移动到 E 点。可以看到，房地产需求冲击最初通过对家庭和企业的影响推高了土地价格，造成房地产市场的波动。而地方政府土地财政的存在使这一过程被显著地放大，并进而对实体经济变量造成影响。

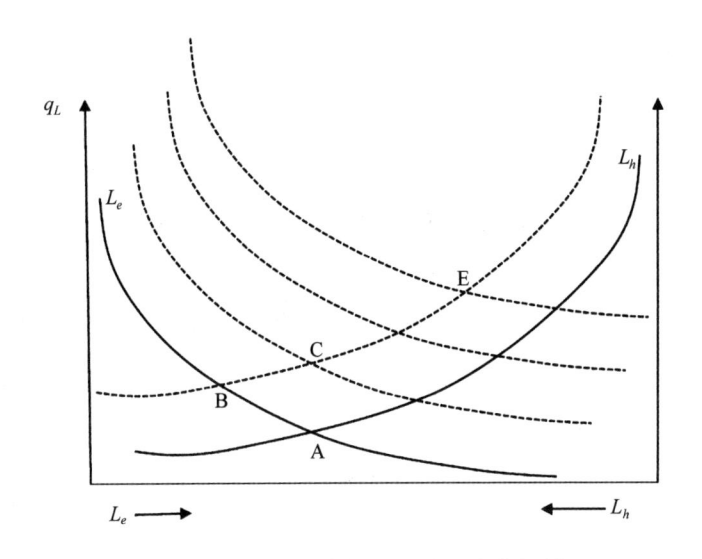

图 3.4　土地财政对经济波动的放大机制

资料来源：笔者自制。

三　福利分析

最后，本章在模型基础上探讨土地财政对社会福利的影响。福利分析旨在回答下面三个问题：第一，地方政府的土地财政行为是否造成社会福利的损失？第二，福利损失的大小是否与地方政府对土地财政的依赖程度有关？第三，在中国土地财政现状没有得到根本改变的条件下，是否存在潜在的政策工具可以用来缓解土地财政带来的福利损失？对社会福利的衡量基于福利水平 $W_{0,t}$ 和消费补偿 Φ 两个角度，前者在家庭效用的基础上定义社会福利的绝对水平，后者通过使福利水平与基准情形 $W_{0,t}^*$ 相等表示福利水平的相对变化，相关定义如下：

$$W_{0,t} \equiv E_0 \Big[\sum_{t=0}^{\infty} \beta_h^t U(C_{h,t}, L_{h,t}, N_t) \Big] \quad (3.50)$$

$$E_0 \Big\{ \sum_{t=0}^{\infty} \beta_h^t U[(1+\Phi)C_{h,t}, L_{h,t}, N_t] \Big\} = W_{0,t}^* \quad (3.51)$$

福利分析的结果如表3.4所示。首先，通过对比考虑地方政府与不考虑地方政府两种情形可以看到，地方政府土地财政的存在会带来显著的福利损失。其次，不同土地收益比例下的福利比较表明，地方政府对土地财政的依赖程度越强，造成的福利损失越大。基于此，本章以土地供给政策为例，探讨政府减少社会福利损失的可能性。在之前的分析中，本章把土地供给的变化当作外生的冲击 x_t。这里，我们假设一个简单的线性反应函数 $x(q_{L,t})$，用于模拟政府可能的土地供给政策①。结果表明，类似的政策规则有助于缓解土地财政带来的福利损失。

表 3.4　　　　　　　　　　福利分析

		$W_{0,t}$	Φ
有地方政府	$\tau = 0.1$	-423.74	0
	$\tau = 0.3$	-425.70	0.0059
	$\tau = 0.5$	-426.12	0.0072
无地方政府	$\tau = 0$	-377.68	-0.1291
土地供给政策	$\tau = 0.3$	-423.72	$-6.8998e-5$

注：τ 值衡量地方政府的土地收益比例，反映地方政府对土地财政的依赖程度。$W_{0,t}$ 为稳态基础上计算的条件期望值，表示福利水平的高低。Φ 为使福利水平与基准情形相等所需的消费补偿，这里选取 $\tau=0.1$ 时的情形为基准，从而正值表示福利损失，负值表示福利改善。

资料来源：笔者自制。

---

① 这里假设政府会根据土地价格的变动调整土地供给，且 $x'>0$，$x''=0$。附录B基于 Turnovsky（2000）的研究范式对政府土地供给政策的暂时性改变进行了描述，并采用 Judd（1982）、Cui 和 Gong（2006）的政策分析方法计算了其对经济的短期影响。

第六节 结论

本章将地方政府的土地财政行为纳入到一个 DSGE 模型框架中，并同时对地方政府和企业面临的金融摩擦进行了刻画，以此分析地方政府土地财政在经济波动的传导中所扮演的角色。通过对模型的贝叶斯估计，本章识别出房地产需求冲击是导致中国房地产市场波动的主要冲击。在房地产需求冲击下，模型产生的脉冲反应与来自 VAR 的实证证据可以实现较好的匹配。在此基础上，模型的数值模拟表明，地方政府土地财政行为的存在，一方面会显著地放大房地产市场的波动，另一方面会将房地产市场的波动传导到实体经济，放大消费、投资和产出波动。福利分析显示，土地财政带来了显著的社会福利损失，且地方政府对土地财政的依赖程度越强，福利损失越大。而政府通过土地供给政策的运用，可以一定程度上缓解这一过程。

本章的发现具有如下两点政策启示。第一，地方政府的土地财政行为会给房地产市场和实体经济造成较大的波动，并导致社会福利的损失，如何为地方政府增加稳定的财政收入来源，减少地方政府对土地财政的依赖，应是中国现行财政体系下需要重点关注的问题。第二，土地供给政策为地方政府提供了潜在的调控工具，有助于缓解由于土地财政造成的社会福利损失，其核心可能在于研究制定具体的政策规则形式，并使之与地方政府的目标函数激励相容。

本章强调地方政府土地财政行为对经济波动的影响，简化起见，没有对地方财政进行完整地考察。一方面，模型中对地方政府的刻画仅关注土地财政及其对应的生产性支出，并未考虑一般性的预算内收支和消费性支出。为了更准确地评估地方政府财政行为的经济效应，需要将税收和消费性支出的影响纳入考量，并对地方政府的目标函数进行必要的调整。另一方面，模型中没有考察中央政府财政行为的影响。分税制改革是中国土地财政存在的制度背景，建立一个分权的一般均衡模型框架，同时对中央政府和地方政府的财政行为进行分析，无论从理论上还是政策上都将有助于我们更加深刻地考察中国现行的财政体系。以上可作为进一步的研究方向。

  本章提供了一个适用于中国房地产市场的理论模型，用以阐释房地产价格与经济波动的内在联系和传导机制。在此基础上，本书进一步感兴趣的问题是：第一，中国的房地产价格具有明显的区域差异，基于房价对经济波动的放大作用，具有不同房价水平的区域是否在经济波动上也表现出差异？第二，房地产价格如何对货币政策冲击进行反应？尤其是，房地产价格的区域差异是否会对货币政策的有效性造成影响？本书在下一章将理论模型推广到一个多区域的新凯恩斯模型，进一步探讨区域异质性与货币政策问题。

第 四 章

金融摩擦与房价区域差异

除了在供给方面具有制度上的独特性，中国的房地产市场还表现出区域发展不平衡的特点，不同地区的房价水平具有显著的差异。上一章的研究为我们提供了一个适用于描述中国房地产市场的基准理论模型，其中，房地产价格作为核心变量在经济波动的放大和传导过程中发挥着重要的作用。本章将该模型进一步推广到一个包含多区域的新凯恩斯模型，用以刻画不同区域内以及区域间的金融摩擦，从而研究房地产价格的区域差异对经济波动以及货币政策的影响。我们采用中国的宏观季度数据对模型进行贝叶斯估计，以得到区域层面的量化特征。结果显示，一方面，经济波动在房价不同的区域表现出显著的差异性，高房价区域表现出更加显著的对波动的放大效应；另一方面，不同区域对货币政策冲击的反应程度也存在显著差异，从而以经济规模确定货币政策规则中的区域权重未必最优。此外，本章还对区域间信贷市场一体化和房价的区域间溢出等区域层面的特征问题进行了探讨。

第一节 引言

进入 21 世纪以来，房地产与宏观经济之间的互动关系，正逐渐成为宏观经济学研究的热点问题（Leung，2004；Iacoviello，2010）。尤其是 Iacoviello（2005）、Iacoviello 和 Neri（2010）以及 Liu 等（2013）基于动态随机一般均衡模型的研究，对房地产价格与经济波动的关系提供了具备微观基础的解释。然而，上述研究只关注整个国家层面的总体变量，没有考虑国家内部不同区域间的异质性。基于以下四个事实，本章认为有必要将房地产价格与经济波动的研究推广到区域层面。

第一，房价波动的区域差异。大量的经验研究表明，即使在同一国家内部，不同区域的房价水平也会呈现出显著的差异性。图 3.1 给出了中国 31 个省市 1999—2014 年房地产价格的平均水平及标准差，房价水平的区域差异显而易见。更进一步的研究表明，这种区域差异不仅反映在房价水平上，同时也反映在房价波动上。梁云芳和高铁梅（2007）对中国东中西部地区（根据人均 GDP 和房价进行划分）的房价波动进行了比较，发现房价波动具有明显的区域不平衡性。Saiz（2010）、Leung 和 Teo（2011）对美国不同区域房价的研究表明，房价水平高的区域，同时也表现出更高的房价波动，他们将这一现象的原因归结为各区域房地产供给弹性的差异。

第二，房价波动的区域间传导。从 20 世纪 90 年代初开始，随着"波纹效应"的发现和研究的深入，越来越多的学者开始关注区域间房地产价格的互动关系。"波纹效应"揭示出房价波动从一个区域传导到另一个区域的现象，Meen（1999，2012）指出空间联系以及区域异质性可能是导致这一现象的原因。王松涛等（2008）分析了中国 5 个主要区域市场城市房价之间的互动关系，发现区域市场内部各城市房价运行受到区域内其他城市房价运行状况的制约，且"核心城市"对区域市场内其他城市房价具有显著的预测能力。洪涛等（2007）通过对中国 35 个大中城市房地产泡沫的研究，发现中国房地产泡沫存在空间扩散效应，从而也确认了不同城市间房地产价格的联动性。位志宇和杨忠直（2007）对上海、江苏和浙江的房价及其关联性进行了分析，结果证实了这三个区域的房价间存在溢出

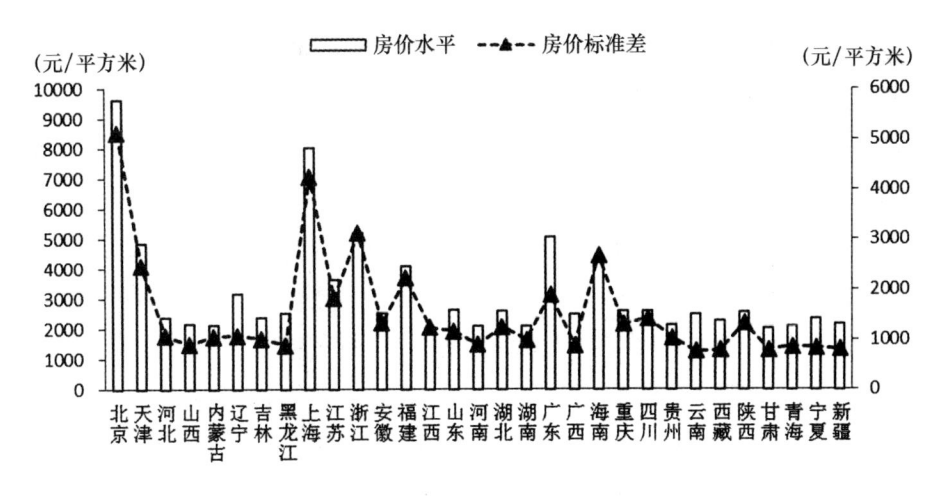

图 4.1　中国部分省（区、市）房价平均水平与标准差

资料来源：中经网统计数据库。

效应，从而可以依据其他区域房价的变动及对自己的贡献度来预估本地的房价走势。

第三，货币政策传导的区域差异。有研究表明，不同的区域对货币政策反应的敏感程度是不同的。Carlino 和 Defina（1998，1999）发现，在美国那些工业密集和企业聚集的州对货币政策冲击的反应比其他州更加强烈。于则（2006）利用向量自回归模型和聚类分析讨论了中国货币政策的区域效应，即不同地区对于货币政策的不同反应。Fratantoni 和 Schuh（2003）通过构建一个 HAVAR 模型证明，货币政策传导的这种区域差异同样也体现在房地产市场上。胡荣才和刘晓岚（2010）、南晓莉和李睿（2012）以及杨刚等（2012）均采用聚类分析法按照房价水平对中国各省市进行区域划分，进而探讨了货币政策对房价影响的区域差异。

第四，中国的地方政府行为——土地财政和地方债务。对中国经济波动的研究不应忽视地方政府的影响。周业安和章泉（2008）利用 1986—2004 年中国省级面板数据，发现财政分权是导致经济波动的重要原因；郭庆旺和贾俊雪（2006）通过对一个三阶段序贯博弈模型的分析表明,在财政利益和政治晋升的双重激励下,地方政府行为会对宏观经济稳定产生巨大冲击;李猛和沈坤荣(2010)对中国经济波动冲击源进行了完整的分解,研究表明,中国经济波动有大约30%的部分来源于地方政府冲击。而土地财政和地方债务将地方政府与房地产市场紧密联系起来。众所周知,土地财政已成为中国地方政府用来缓解财政收入不足和筹集建设发展资金的独特且重要的手段,而其对房地产市场的影响更是不容忽视。另外,伴随着允许地方政府举债的《预算法》的通过,地方政府债务也势必在地方经济发展中扮演越来越重要的角色,而地方政府债务对土地财政高度依赖的事实[①]则更加深了地方政府行为对房地产市场的影响。

尽管不同的文献对以上四个问题分别给予了关注,但本章希望将这些区域层面的关切纳入到一个统一的模型框架之下。本章构建了一个包含货币政策和地方政府的多区域 DSGE 模型,并采用中国的宏观季度数据对模型进行贝叶斯估计,以考察区域层面上的动态特征。模型的基本结构建立在以 Obstfeld 和 Rogoff(1995)为开端的开放经济两国模型的基础之上(Lane,2001)。Clarida 等(2002)、Pappa(2004)以及 Benigno 和 Benigno(2006)等曾在一个包含价格粘性的两国模型中探讨货币政策合作问题,而 Benigno(2004)、Beetsma 和 Jensen(2005)、Gali 和 Monacelli(2008)以及 Ferrero(2009)等关于货币区货币政策和财政政策的研究则为本章提供了一个基于区域层面的视角。模型中对房地产的引入建立在以 Kiyotaki 和 Moore(1997)为开端的一系列对金融摩擦的研究基础之上。Iacoviello(2005)、Iacoviello 和 Neri(2010)在对房地产价格与经济波

[①] 根据《中国经济周刊》的报告,22 个省(区、市)的审计机构给出了截至 2012 年年底"政府承诺以土地出让收入偿还的债务占政府负有偿还责任的债务的比重"的数值,该数值反映了地方政府债务对土地财政的依赖程度。22 个省(区、市)中,浙江以 66.27% 排名第一,天津以 64.56% 排名第二,两地政府负有偿还责任的债务,有 2/3 要靠土地出让收入来偿还。占比最小的分别是甘肃(22.40%)、河北(22.13%)、山西(20.67%),但也至少有 1/5 的债务要靠土地出让收入来偿还。

动的研究中，以房地产作为抵押品引入了信贷约束。Liu 等（2013）通过对企业施加该信贷约束，成功解释了房地产价格与投资的协动性。特别地，本章在模型中引入地方政府部门，以探讨土地财政和地方债务的影响。基于地方政府债务对土地财政高度依赖的现实，本章对地方政府举债也施加了相应的信贷约束。

本章接下来的结构安排如下：第二节阐释基本模型；第三节给出模型的估计策略与基本结果；第四节对模型的动态特征进行数值分析；第五节做总结性评论。

第二节 理论模型

考虑一个离散时间、无穷期的经济。该经济由两个区域组成，分别称作区域 1 和区域 2，两个区域的规模分别为 $[0,n)$ 和 $[n,1]$。每个区域内部的经济主体包括：家庭、最终品生产商、中间品生产商、零售商以及地方政府。在两个区域之上，一个共同的中央银行制定统一的货币政策。下面给出对模型结构的具体描述，简洁起见，笔者仅对区域 1 作重点介绍，区域 2 的结构可类比得到。

一 家庭

家庭的效用函数建立在消费 $C_{h,t}$、房地产持有 $L_{h,t}$ 以及劳动 $N_{h,t}$ 的基础上，其目标函数为：

$$E_0 \sum_{t=0}^{\infty} \beta_h^t \left[\log C_{h,t} + j_t \log L_{h,t} - \kappa_t \frac{N_{h,t}^{1+\varphi}}{1+\varphi} \right] \quad (4.1)$$

其中，β_h 为家庭的贴现因子，j_t 为房地产需求冲击，κ_t 为劳动供给冲击，φ 为劳动供给弹性的倒数。对家庭部门的设定还基于以下两个假设。首先，假设家庭具有相对更高的耐心程度，从而允许厂商和地方政府向其举借债务。其次，假设厂商和地方政府不能直接参与区域间资本市场，他们只能向区域内的家庭借债，而家庭则可以在区域间进行借债。

家庭的预算约束为：

$$C_{h,t} + q_{L,t}(L_{h,t} - L_{h,t-1}) + \tau_t q_{L,t} L_{h,t} + \frac{R_{t-1} b_{h,t-1}}{\pi_t} + \frac{\xi}{2}(b_{h,t} - b_h)^2 = w_t N_{h,t} + b_{h,t} \quad (4.2)$$

其中，$q_{L,t} \equiv Q_{L,t}/P_t$ 为实际房地产价格，$w_t \equiv W_t/P_t$ 为实际工资，$b_{h,t} \equiv B_{h,t}/P_t$ 为实际债务，R_t 为其回报率，$b_{h,t} < 0$ 表示债务资金的流出，$\pi_t \equiv P_t/P_{t-1}$ 表示通货膨胀率，τ_t 为土地财政冲击，其均衡值 τ 衡量地方政府的土地收益比例。根据 Schmitt-Grohe 和 Uribe (2003)，本章引入债务的调整成本以保证系统的平稳性，ξ 为调整成本系数。

家庭在预算约束（4.2）下，最大化其目标函数（4.1），最优性条件为：

$$\lambda_{h,t} = \frac{1}{C_{h,t}} \quad (4.3)$$

$$q_{L,t} = \beta_h E_t \frac{\lambda_{h,t+1}}{(1+\tau_t)\lambda_{h,t}} q_{L,t+1} + \frac{j_t}{(1+\tau_t)\lambda_{h,t} L_{h,t}} \quad (4.4)$$

$$w_t = \frac{\kappa_t N_{h,t}^{\varphi}}{\lambda_{h,t}} \quad (4.5)$$

$$\lambda_{h,t}[1 - \xi(b_{h,t} - b_h)] = \beta_h R_t E_t \frac{\lambda_{h,t+1}}{\pi_{t+1}} \quad (4.6)$$

式（4.3）表示收入的边际效用等于消费的边际效用，其中 $\lambda_{h,t}$ 为对应预算约束的拉格朗日乘子。式（4.4）为房地产的欧拉方程，表示房地产的相对价格等于其边际收益。式（4.5）为劳动供给方程，表示实际工资等于休闲和收入的边际替代率。式（4.6）为家庭债务的欧拉方程。

二 最终品生产商

最终品 Z_t 的生产函数为：

$$Z_t = [(\zeta)^{\frac{1}{\eta}}(Y_{1,t})^{\frac{\eta-1}{\eta}} + (1-\zeta)^{\frac{1}{\eta}}(Y_{2,t})^{\frac{\eta-1}{\eta}}]^{\frac{\eta}{\eta-1}} \quad (4.7)$$

其中，$Y_{1,t}$ 和 $Y_{2,t}$ 分别为来自区域 1 和区域 2 的产品，$\eta > 0$ 为其替代弹性，$\zeta \in (0,1)$ 则决定了其在均衡时的份额。

通过解成本最小化问题，可以得到最终品生产商对 $Y_{1,t}$ 和 $Y_{2,t}$ 的需求：

$$Y_{1,t} = \zeta \left(\frac{P_{1,t}}{P_t}\right)^{-\eta} Z_t \quad (4.8)$$

$$Y_{2,t} = (1-\zeta) \left(\frac{P_{2,t}}{P_t}\right)^{-\eta} Z_t \quad (4.9)$$

其中，$P_{1,t}$ 和 $P_{2,t}$ 分别为 $Y_{1,t}$ 和 $Y_{2,t}$ 的价格。P_t 表示区域 1 的总体价格水平，其定义为：

$$P_t \equiv [\zeta(P_{1,t})^{1-\eta} + (1-\zeta)(P_{2,t})^{1-\eta}]^{\frac{1}{1-\eta}} \quad (4.10)$$

对价格方程进行对数线性化，可以得到：

$$\hat{\pi}_t = \zeta \hat{\pi}_{1,t} + (1-\zeta) \hat{\pi}_{2,t} \quad (4.11)$$

其中，本章定义 $\pi_{1,t} \equiv P_{1,t}/P_{1,t-1}$，$\pi_{2,t} \equiv P_{2,t}/P_{2,t-1}$。

三 中间品生产商

中间品生产商投入劳动 $N_{e,t}$、资本 K_t 和房地产 $L_{e,t}$ 进行生产。此外，本章还考虑地方政府支出 G_t 的生产特性。这一假设源于 Arrow 和 Kurz (1970)、Barro (1990) 等，而傅勇和张晏 (2007)、尹恒和朱虹 (2011) 等为中国地方财政的生产性支出偏向提供了有力的证据。本章将中间品 Y_t^w 的生产函数以柯布—道格拉斯的形式给出：

$$Y_t^w = A_t N_{e,t}^{1-\alpha} [K_{t-1}^{\psi_K} L_{e,t-1}^{\psi_L} G_{t-1}^{1-\psi_K-\psi_L}]^{\alpha} \quad (4.12)$$

其中，A_t 为技术冲击，α，ψ_K 和 ψ_L 用于度量各生产要素的产出弹性。

中间品生产商面临的预算约束为：

$$C_{e,t} + q_{L,t}(L_{e,t} - L_{e,t-1}) + \tau_t q_{L,t} L_{e,t} + w_t N_{e,t} + I_t +$$
$$\frac{R_{t-1} b_{e,t-1}}{\pi_t} + \frac{\xi}{2}(b_{e,t} - b_e)^2 = \frac{Y_t^w}{X_t} + b_{e,t} \quad (4.13)$$

其中，$C_{e,t}$ 为消费，I_t 为投资，$b_{e,t} \equiv B_{e,t}/P_t$ 为实际债务，$X_t \equiv P_t/P_t^w$，P_t^w 表示中间品生产商向零售商出售中间产品的批发价格。

中间品生产商的资本积累方程为：

$$K_t = (1-\delta)K_{t-1} + \left[1 - \frac{\Omega}{2}\left(\frac{I_t}{I_{t-1}} - 1\right)^2\right]I_t \qquad (4.14)$$

其中，δ 为资本折旧率，Ω 为调整成本系数。

中间品生产商可以以房地产和资本的价值作为抵押举借债务，其面临如下的信贷约束：

$$b_{e,t} \leq \mu E_t[q_{L,t+1}L_{e,t} + q_{K,t+1}K_t] \qquad (4.15)$$

其中，μ 为抵押品比例，$q_{K,t}$ 为资本的相对价格。

中间品生产商在式（4.12）—式（4.15）的约束下，最大化自己的贴现效用和：

$$E_0 \sum_{t=0}^{\infty} \beta_e^t [\log C_{e,t}] \qquad (4.16)$$

其中，β_e 为贴现因子。

中间品生产商的最优性条件为：

$$\lambda_{e,t} = \frac{1}{C_{e,t}} \qquad (4.17)$$

$$q_{L,t} = \beta_e E_t \frac{\lambda_{e,t+1}}{(1+\tau_t)\lambda_{e,t}}\left[\frac{\alpha \psi_L Y_{t+1}^w}{X_{t+1}L_{e,t}} + q_{L,t+1}\right] + \frac{\lambda_{b,t}}{(1+\tau_t)\lambda_{e,t}}\mu E_t q_{L,t+1}$$

$$(4.18)$$

$$q_{K,t} = \beta_e E_t \frac{\lambda_{e,t+1}}{\lambda_{e,t}}\left[\frac{\alpha \psi_K Y_{t+1}^w}{X_{t+1}K_t} + (1-\delta)q_{K,t+1}\right] + \frac{\lambda_{b,t}}{\lambda_{e,t}}\mu E_t q_{K,t+1}$$

$$(4.19)$$

$$1 = q_{K,t}\left[1 - \frac{\Omega}{2}\left(\frac{I_t}{I_{t-1}} - 1\right)^2 - \Omega\left(\frac{I_t}{I_{t-1}} - 1\right)\frac{I_t}{I_{t-1}}\right] +$$

$$\beta_e \Omega E_t \frac{\lambda_{e,t+1}}{\lambda_{e,t}} q_{K,t+1}\left(\frac{I_{t+1}}{I_t} - 1\right)\left(\frac{I_{t+1}}{I_t}\right)^2 \qquad (4.20)$$

$$w_t = \frac{(1-\alpha)Y_t^w}{X_t N_{e,t}} \qquad (4.21)$$

$$\lambda_{e,t}[1 - \xi(b_{e,t} - b_e)] - \lambda_{b,t} = \beta_e R_t E_t \frac{\lambda_{e,t+1}}{\pi_{t+1}} \qquad (4.22)$$

$\lambda_{e,t}$ 和 $\lambda_{b,t}$ 分别为对应预算约束和信贷约束的拉格朗日乘子。式（4.17）表示收入的边际效用等于消费的边际效用。式（4.18）为房地产的欧拉方程，表示房地产的价格等于其未来边际产出以及未来价值的现值，加上其作为抵押品的价值。式（4.19）为资本的欧拉方程，表示资本的影子价格等于资本未来边际产出以及未来价值的现值，加上资本作为抵押品的价值。式（4.20）为投资的欧拉方程，表示投资的边际成本等于资本的边际收益。式（4.21）为劳动需求方程，表示实际工资等于劳动的边际产出。式（4.22）为中间品生产商债务的欧拉方程。

四 零售商

借鉴 Bernanke 等（1999），本章通过零售商引入价格粘性。假设区域 1 存在连续统 $i \in [0, n)$ 且垄断竞争的零售商，他们以 P_t^w 的价格购入中间品 Y_t^w，并对其进行差异化处理：

$$Y_t = \left[\left(\frac{1}{n} \right)^{\frac{1}{\sigma}} \int_0^n Y_t(i)^{\frac{\sigma-1}{\sigma}} di \right]^{\frac{\sigma}{\sigma-1}} \qquad (4.23)$$

相应的价格指数为：

$$P_{1,t} \equiv \left\{ \frac{1}{n} \int_0^n [P_{1,t}(i)]^{1-\sigma} di \right\}^{\frac{1}{1-\sigma}} \qquad (4.24)$$

其中，σ 为差异化产品 $Y_t(i)$ 间的替代弹性。

每个零售商以 Calvo 的方式调整其价格 $P_{1,t}(i)$，每期调整价格的概率为 $1 - \theta$，则其最优化问题为：

$$\max_{P_{1,t}(i)} E_t \sum_{k=0}^{\infty} \theta^k \Lambda_{t,t+k} \left[\frac{P_{1,t}(i)}{P_{1,t+k}} - MC_{t+k} \right] Y_{t+k}(i) \qquad (4.25)$$

受约束于其需求曲线：

$$Y_t(i) = \frac{1}{n} \left[\frac{P_{1,t}(i)}{P_{1,t}} \right]^{-\sigma} Y_t \qquad (4.26)$$

其中，$\Lambda_{t,t+k} = \beta_h^k \lambda_{h,t+k}/\lambda_{h,t}$ 表示随机贴现因子，$MC_t = 1/X_t$ 表示边际成本。

最优定价 $\tilde{P}_{1,t}$ 满足：

$$\tilde{P}_{1,t} = \left(\frac{\sigma}{\sigma-1}\right) \frac{E_t \sum_{k=0}^{\infty} \theta^k \beta_h^k \lambda_{h,t+k} MC_{t+k} Y_{t+k} (P_{1,t+k})^{\sigma}}{E_t \sum_{k=0}^{\infty} \theta^k \beta_h^k \lambda_{h,t+k} Y_{t+k} (P_{1,t+k})^{\sigma-1}} \quad (4.27)$$

从而价格变动满足：

$$(P_{1,t})^{1-\sigma} = (1-\theta)(\tilde{P}_{1,t})^{1-\sigma} + \theta(P_{1,t-1})^{1-\sigma} \quad (4.28)$$

结合式（4.27）和式（4.28）并进行对数线性化，可以得到零售商产品价格水平的菲利普斯曲线：

$$\hat{\pi}_{1,t} = \beta_h E_t \hat{\pi}_{1,t+1} - \frac{(1-\theta)(1-\beta_h \theta)}{\theta} \hat{X}_t \quad (4.29)$$

五　地方政府

基于中国地方官员的晋升激励（周黎安，2007），本章假设地方政府通过推动政府支出规模 G_t 的扩张追求自身效用最大化。地方政府的目标函数为：

$$E_0 \sum_{t=0}^{\infty} \beta_g^t [\log G_t] \quad (4.30)$$

其中，β_g 为贴现因子。

在短期房地产供给不变的假设下，本章通过对房地产价值征税的形式引入土地财政，用 $\tau_t q_{L,t}(s_t \bar{L})$ 表示地方政府获得的土地收益。其中，$\bar{L}$ 为房地产供给，s_t 为房地产供给冲击，τ_t 为土地财政冲击，其均衡值 τ 衡量土地收益比例。进一步地，本章引入实际地方政府债务 $d_t \equiv D_t/P_t$，则地方政府的预算约束为：

$$G_t + \frac{R_{t-1} d_{t-1}}{\pi_t} + \frac{\xi}{2}(d_t - d)^2 = \tau_t q_{L,t}(s_t \bar{L}) + d_t \quad (4.31)$$

中国地方政府债务对土地财政的高度依赖，本质上体现为地方政府以未来的土地收益作为抵押举借债务。本章通过以下的信贷约束来刻画地方政府的这一行为特征：

$$d_t \leq \nu E_t[\tau_{t+1} q_{L,t+1}(s_{t+1}\bar{L})\pi_{t+1}] \quad (4.32)$$

其中，ν 表示抵押品比例。

地方政府在预算约束（4.31）和信贷约束（4.32）下，通过选择支出规模和债务规模来最大化其目标函数（4.30），最优性条件为：

$$\lambda_{g,t} = \frac{1}{G_t} \quad (4.33)$$

$$\lambda_{g,t}[1-\xi(d_t-d)] - \lambda_{d,t} = \beta_g R_t E_t \frac{\lambda_{g,t+1}}{\pi_{t+1}} \quad (4.34)$$

$\lambda_{g,t}$ 和 $\lambda_{d,t}$ 分别为对应预算约束和信贷约束的拉格朗日乘子。式（4.33）表示政府收入的影子价格等于政府支出的边际效用。式（4.34）为政府债务的欧拉方程。

六 中央银行

假设中央银行采用利率形式的货币政策规则，对总体通货膨胀率 Π_t 进行反应：

$$R_t = (R_{t-1})^\rho (\Pi_t)^{1-\rho} \exp(\varepsilon_{R,t}) \quad (4.35)$$

其中，ρ 为惯性系数，$\varepsilon_{R,t}$ 为货币政策冲击。总体通货膨胀率是对两个区域通货膨胀率的加权平均，权重分别为两个区域的经济规模：

$$\Pi_t = (\pi_t)^n (\pi_t^*)^{1-n} \quad (4.36)$$

七 宏观均衡

笔者将宏观均衡定义为：

（Ⅰ）经济资源的配置 $\{C_{h,t}, C_{e,t}, I_t, G_t, Z_t, Y_t, Y_t^w, L_{h,t}, L_{e,t}, K_t, N_{h,t}, N_{e,t}, d_t, b_{h,t}, b_{e,t}\}_{t=0}^\infty$ 以及 $\{\pi_t, X_t, q_{L,t}, q_{K,t}, w_t, R_t, \lambda_{h,t}, \lambda_{b,t}, \lambda_{e,t}, \lambda_{g,t}, \lambda_{b,t}\}_{t=0}^\infty$ 满足上面所有的最优性条件。

（Ⅱ）经济中所有市场同时出清，产品市场、劳动力市场、房地产市场以及信贷市场均需满足以下的市场出清条件：

$$Z_t = n\left(C_{h,t} + C_{e,t} + \left[1 - \frac{\Omega}{2}\left(\frac{I_t}{I_{t-1}} - 1\right)^2\right]I_t + G_t\right) \quad (4.37)$$

$$N_{h,t} = N_{e,t} \quad (4.38)$$

$$L_{h,t} + L_{e,t} = s_t \bar{L} \quad (4.39)$$

$$n(b_{h,t} + b_{e,t} + d_t) + (1-n)(b_{h,t}^* + b_{e,t}^* + d_t^*) = 0 \quad (4.40)$$

（Ⅲ）定义市场上存在的外生冲击为 $\Xi_t = [A_t, s_t, \tau_t, j_t, \kappa_t]$，给定其服从如下的 AR（1）过程：

$$\log\left(\frac{\Xi_t}{\Xi}\right) = \rho_\Xi \log\left(\frac{\Xi_{t-1}}{\Xi}\right) + \varepsilon_{\Xi,t} \quad (4.41)$$

笔者将该动态系统在其稳态附近对数线性化，得到本章的主模型[①]：

（1）产品市场

$$Z\hat{Z}_t = n(C_h \hat{C}_{h,t} + C_e \hat{C}_{e,t} + I\hat{I}_t + G\hat{G}_t) \quad (4.42)$$

$$\hat{Y}_t^w = \hat{A}_t + (1-\alpha)\hat{N}_{e,t} + \alpha\psi_K \hat{K}_{t-1} + \alpha\psi_L \hat{L}_{e,t-1} + \alpha(1 - \psi_K - \psi_L)\hat{G}_{t-1} \quad (4.43)$$

$$Y\hat{Y}_t = Y_1 \hat{Y}_{1,t} + Y_1^* \hat{Y}_{1,t}^* \quad (4.44)$$

$$\hat{Y}_{1,t} = -\eta \hat{X}_{1,t} + \hat{Z}_t \quad (4.45)$$

$$\hat{Y}_{2,t} = -\eta \hat{X}_{2,t} + \hat{Z}_t \quad (4.46)$$

$$\hat{\pi}_t = \zeta \hat{\pi}_{1,t} + (1-\zeta)\hat{\pi}_{2,t} \quad (4.47)$$

$$\hat{\pi}_{1,t} = \beta_h \hat{\pi}_{1,t+1} - \frac{(1-\theta)(1-\beta_h \theta)}{\theta} \hat{X}_t \quad (4.48)$$

$$\hat{\lambda}_{h,t} + \hat{C}_{h,t} = 0 \quad (4.49)$$

$$\hat{\lambda}_{e,t} + \hat{C}_{e,t} = 0 \quad (4.50)$$

---

① 对模型稳态的计算以及完整的两区域模型详见附录 C。

$$\hat{\lambda}_{g,t} + \hat{G}_t = 0 \qquad (4.51)$$

（2）房地产市场

$$L_h \hat{L}_{h,t} + L_e \hat{L}_{e,t} = \hat{s}_t \qquad (4.52)$$

$$\hat{q}_{L,t} = \frac{\beta_h}{1+\tau}(\hat{\lambda}_{h,t+1} + \hat{q}_{L,t+1} - \hat{\lambda}_{h,t} - \hat{\tau}_t) +$$

$$\frac{j}{(1+\tau)\lambda_h q_L L_h}(\hat{j}_t - \hat{\lambda}_{h,t} - \hat{L}_{h,t} - \hat{\tau}_t) \qquad (4.53)$$

$$\hat{q}_{L,t} = \frac{\beta_e}{1+\tau}\left(\frac{\alpha\psi_L}{q_L L_e} + 1\right)(\hat{\lambda}_{e,t+1} - \hat{\lambda}_{e,t} - \hat{\tau}_t) +$$

$$\frac{\beta_e}{1+\tau}\left(\frac{\alpha\psi_L}{q_L L_e}(\hat{Y}^w_{t+1} - \hat{X}_{t+1} - \hat{L}_{e,t}) + \hat{q}_{L,t+1}\right) +$$

$$\frac{\lambda_b \mu}{\lambda_e(1+\tau)}(\hat{\lambda}_{b,t} - \hat{\lambda}_{e,t} + \hat{q}_{L,t+1} - \hat{\tau}_t) \qquad (4.54)$$

（3）劳动力市场

$$\hat{N}_{h,t} = \hat{N}_{e,t} \qquad (4.55)$$

$$\hat{w}_t = \hat{\kappa}_t + \varphi\hat{N}_{h,t} - \hat{\lambda}_{h,t} \qquad (4.56)$$

$$\hat{w}_t = \hat{Y}^w_t - \hat{X}_t - \hat{N}_{e,t} \qquad (4.57)$$

（4）信贷市场

$$d\hat{d}_t + b_h\hat{b}_{h,t} + b_e\hat{b}_{e,t} = 0 \qquad (4.58)$$

$$\hat{\lambda}_{h,t} - \hat{R}_t - \xi b_h \hat{b}_{h,t} = \hat{\lambda}_{h,t+1} - \hat{\pi}_{t+1} \qquad (4.59)$$

$$b_e\hat{b}_{e,t} = \mu q_L L_e(\hat{q}_{L,t+1} + \hat{L}_{e,t}) + \mu q_K K(\hat{q}_{K,t+1} + \hat{K}_t) \qquad (4.60)$$

$$\lambda_e\hat{\lambda}_{e,t} - \lambda_b\hat{\lambda}_{b,t} - \xi\lambda_e b_e\hat{b}_{e,t} = \beta_e\lambda_e R(\hat{\lambda}_{e,t+1} + \hat{R}_t - \hat{\pi}_{t+1}) \qquad (4.61)$$

$$\hat{d}_t = \hat{\tau}_{t+1} + \hat{q}_{L,t+1} + \hat{s}_{t+1} + \hat{\pi}_{t+1} \qquad (4.62)$$

$$\lambda_g\hat{\lambda}_{g,t} - \lambda_d\hat{\lambda}_{d,t} - \xi d\hat{d}_t = \beta_g\lambda_g R(\hat{\lambda}_{g,t+1} + \hat{R}_t - \hat{\pi}_{t+1}) \qquad (4.63)$$

（5）动态积累过程

$$\hat{K}_t = (1-\delta)\hat{K}_{t-1} + \delta\hat{I}_t \qquad (4.64)$$

$$\hat{q}_{K,t} = \beta_e \left(\frac{\alpha \psi_K}{K} + 1 - \delta \right)(\hat{\lambda}_{e,t+1} - \hat{\lambda}_{e,t}) + \beta_e \frac{\alpha \psi_K}{K}(\hat{Y}^w_{t+1} - \hat{X}_{t+1} - \hat{K}_t) +$$

$$(1-\delta)\hat{q}_{K,t+1}\Big) + \frac{\lambda_b \mu}{\lambda_e}(\hat{\lambda}_{b,t} - \hat{\lambda}_{e,t} + \hat{q}_{K,t+1}) \quad (4.65)$$

$$\hat{q}_{K,t} = \Omega(\hat{I}_t - \hat{I}_{t-1}) - \beta_e \Omega(\hat{I}_{t+1} - \hat{I}_t) \quad (4.66)$$

$$\alpha(\hat{Y}^w_t - \hat{X}_t) = C_e \hat{C}_{e,t} + q_L L_e(\hat{L}_{e,t} - \hat{L}_{e,t-1}) + \tau q_L L_e(\hat{\tau}_t + \hat{q}_{L,t} + \hat{L}_{e,t})$$

$$Rb_e(\hat{R}_{t-1} + \hat{b}_{e,t-1} - \hat{\pi}_t) - b_e \hat{b}_{e,t} + I\hat{I}_t \quad (4.67)$$

$$G\hat{G}_t + Rd(\hat{R}_{t-1} + \hat{d}_{t-1} - \hat{\pi}_t) = \tau q_L(\hat{\tau}_t + \hat{q}_{L,t} + \hat{s}_t) + d\hat{d}_t \quad (4.68)$$

(6)货币政策与外生冲击过程

$$\hat{R}_t = \rho \hat{R}_{t-1} + (1-\rho)\hat{\Pi}_t + \varepsilon_{R,t} \quad (4.69)$$

$$\hat{\Pi}_t = n\hat{\pi}_t + (1-n)\hat{\pi}^*_t \quad (4.70)$$

$$\hat{\Xi}_t = \rho_\Xi \hat{\Xi}_{t-1} + \varepsilon_{\Xi,t} \quad (4.71)$$

第三节 模型估计

一 估计策略与数据描述

本章运用贝叶斯方法对模型进行估计。为方便与已有研究进行比较，本章遵循其聚类分析的方法，将中国的 31 个省（区、直辖市）按照图 4.1 所示的房价平均水平划分为两组，分别与模型中的两个区域进行匹配。其中，区域 1 由平均房价高于 3000 元/平方米的省市组成，包括北京、天津、辽宁、上海、江苏、浙江、福建、广东和海南 9 个省市，区域 2 由其余 22 个平均房价低于 3000 元/平方米的省（区、直辖市）组成。

本章选取 10 组宏观季度数据对模型进行估计[①]。其中，区域层

[①] 数据来源：中经网统计数据库、Wind 数据库。

面的观测变量 8 组,包括两个区域的人均国内生产总值、人均固定资产投资额、人均社会消费品零售额以及单位就业水平;国家层面的观测变量 2 组,包括利率和通货膨胀率,前者选取银行间同业拆借加权平均利率,后者选取 CPI 指数。样本区间为 2005 年 1 季度至 2014 年 3 季度,从而每个变量有 39 个季度观测值。本章通过 CPI 定基指数将名义变量转换为实际值,并采用 X12 方法和 HP 滤波对数据进行季节调整并剔除长期趋势。

二 先验分布与估计结果

根据中国经济特征以及国内外相关研究,本章对模型中的部分参数进行校准和赋值,以提高估计的有效性。取家庭的贴现因子为 0.99,从而使均衡年利率等于 4%。为保证信贷约束在均衡点附近可以得到满足,设家庭具有更高的耐心程度,取地方政府和中间品生产商的贴现因子为 0.95。取劳动力的产出弹性为 0.7,并按照惯例取资本的季度折旧率为 0.025,相当于年折旧 10%。根据 Iacoviello (2005),取房地产的产出弹性为 0.03,房地产的偏好系数为 0.1。根据中国房地产市场的现状,土地成本的占比一般为 30%—50%,取土地收益比例为 0.3。根据 Schmitt-Grohe 和 Uribe (2003),取债务的调整成本系数为 0.001。根据对样本区间内两区域 GDP 平均水平的计算,取 $n = 0.44$。

对于待估计的参数,本章根据其理论含义和取值范围来设定先验分布,先验均值和方差的设定与国内外相关研究保持一致。对于取值范围在区间 (0,1) 中的参数,将其先验分布设定为贝塔分布;对于取值始终大于零的参数,将其先验分布设定为伽马分布;对于外生冲击的标准差,将其先验分布设定为逆伽马分布。表 4.1 和表 4.2 分别给出了模型结构参数和冲击参数的先验分布和估计结果。总体来看,各参数的估计值均在合理的范围内。

表 4.1　　　　　　　模型结构参数的先验分布和估计结果

参数	先验分布			后验分布	
	分布	均值	标准差	均值	90%置信区间
φ	Gamma	0.5	0.1	0.5859	(0.5083, 0.6904)
φ^*	Gamma	0.5	0.1	0.5969	(0.5092, 0.6817)
η	Beta	1	0.1	1.0150	(0.9670, 1.0543)
η^*	Beta	1	0.1	1.0151	(0.9765, 1.0497)
ζ	Gamma	0.7	0.1	0.7910	(0.7507, 0.8281)
ζ^*	Gamma	0.7	0.1	0.4397	(0.3926, 0.4814)
Ω	Gamma	4	0.1	4.0679	(3.9662, 4.1670)
Ω^*	Gamma	4	0.1	4.0701	(3.9989, 4.1456)
θ	Beta	0.75	0.1	0.7290	(0.7090, 0.7459)
θ^*	Beta	0.75	0.1	0.6868	(0.6684, 0.7086)
ρ	Beta	0.7	0.1	0.2058	(0.1349, 0.2838)

资料来源：笔者自制。

表 4.2　　　　　　　模型冲击参数的先验分布和估计结果

参数	先验分布			后验分布	
	分布	均值	标准差	均值	90%置信区间
ρ_A	Beta	0.9	0.1	0.3418	(0.2398, 0.4295)
ρ_A^*	Beta	0.9	0.1	0.7791	(0.7136, 0.8512)
ρ_s	Beta	0.9	0.1	0.8523	(0.8230, 0.8837)
ρ_s^*	Beta	0.9	0.1	0.9005	(0.8492, 0.9429)
ρ_τ	Beta	0.9	0.1	0.2059	(0.1337, 0.2783)
ρ_τ^*	Beta	0.9	0.1	0.1786	(0.1091, 0.2382)
ρ_j	Beta	0.9	0.1	0.8949	(0.8654, 0.9238)
ρ_j^*	Beta	0.9	0.1	0.5350	(0.4251, 0.6420)
ρ_K	Beta	0.9	0.1	0.2911	(0.2165, 0.3535)
ρ_K^*	Beta	0.9	0.1	0.9452	(0.9153, 0.9934)
σ_A	Inv-G	5	Inf	0.6989	(0.6013, 0.8104)

续表

参数	先验分布			后验分布	
	分布	均值	标准差	均值	90%置信区间
$\sigma_A{}^*$	Inv-G	5	Inf	0.6955	(0.5946, 0.8071)
σ_s	Inv-G	5	Inf	1.7043	(1.3552, 2.0545)
$\sigma_s{}^*$	Inv-G	5	Inf	0.9616	(0.7398, 1.1693)
σ_τ	Inv-G	5	Inf	1.8865	(1.3659, 2.5246)
$\sigma_\tau{}^*$	Inv-G	5	Inf	1.5495	(1.0021, 1.9842)
σ_j	Inv-G	5	Inf	1.0661	(0.8498, 1.2853)
$\sigma_j{}^*$	Inv-G	5	Inf	0.9610	(0.7546, 1.1327)
σ_κ	Inv-G	5	Inf	0.6790	(0.5930, 0.7517)
$\sigma_\kappa{}^*$	Inv-G	5	Inf	0.7650	(0.6278, 0.8773)
σ_R	Inv-G	5	Inf	0.6526	(0.5880, 0.7142)

资料来源：笔者自制。

第四节 模型动态特征

一 经济波动的区域差异

表4.3给出了两个区域主要经济变量的相对波动，由各变量的标准差除以相应区域产出的标准差计算得到。可以看到，区域1各经济变量的波动明显大于区域2。经济波动的确在房价不同的两个区域表现出显著的差异性[1]。进一步地，本章还在表4.3中计算了区域内房价与其他变量的相关系数，结果显示，该指标在区域1高达约0.8，且均高于区域2。

就房地产市场而言，区域1的房价波动是区域2的两倍有余。我们通过图4.2比较了两个区域房地产市场的波动情况，可以看到，无论房地产市场受到需求冲击还是供给冲击[2]，区域1的房价变动都要显著大于区域2。

---

[1] 两区域的具体冲击过程参见附录A中的图A.4。
[2] 此处房地产需求冲击对应需求的增加，房地产供给冲击对应供给的减少。

表4.3　　　　　区域主要经济变量的相对波动和相关系数

区域内变量的相对波动		
	区域1	区域2
投资/产出	2.27	1.87
消费/产出	0.99	0.20
工资/产出	1.48	0.64
政府支出/产出	1.43	0.53
房价/产出	1.62	0.71
区域内房价与其他变量的相关系数		
	区域1	区域2
房价与产出	0.80	0.68
房价与投资	0.79	0.61
房价与消费	0.81	0.28
房价与政府支出	0.79	0.64

资料来源：笔者自制。

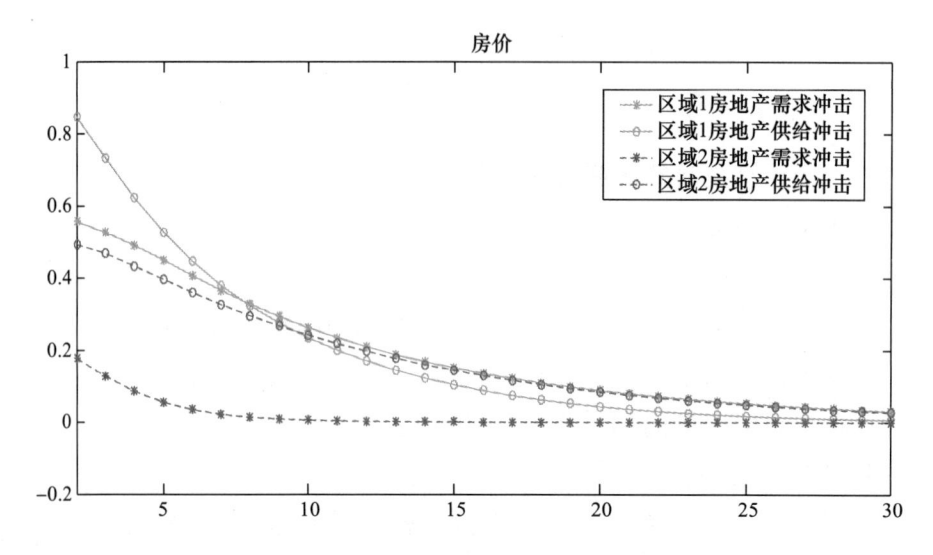

图4.2　两区域房地产市场波动的比较

资料来源：笔者自制。

二　经济波动的区域间传导

表4.4给出了两个区域间主要经济变量的相关系数，其表现出正向的共动性特征。在此基础上，本章模拟一个相同的房地产需求冲击

分别发生于区域1和区域2所产生的脉冲反应，结果如图4.3和图4.4所示。结果均显示，经济波动一方面由房地产市场传导至实体经济，另一方面由一个地区传导至另一个地区。然而在这一过程中，区域1表现出更加显著的对波动的放大效应。房价与投资的显著上升，进而导致产出的上升，这与Liu等（2013）描述的加速机制相一致。

表4.4　　　　　　　区域间主要经济变量的相关系数

区域间变量的相关系数	
产出	0.78
投资	0.66
消费	0.04
政府支出	0.77
房价	0.51

资料来源：笔者自制。

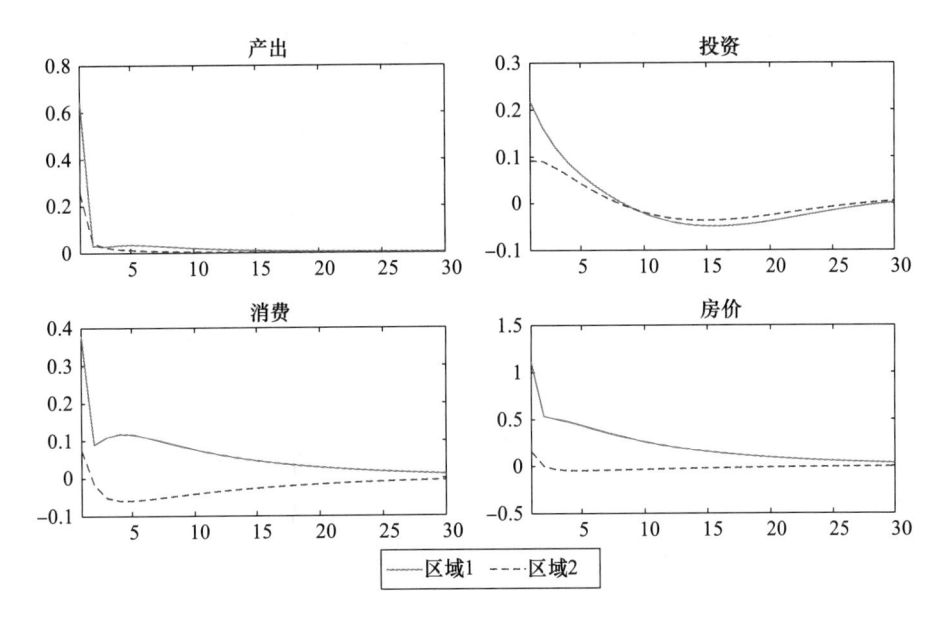

图4.3　区域1房地产需求冲击下的脉冲反应

资料来源：笔者自制。

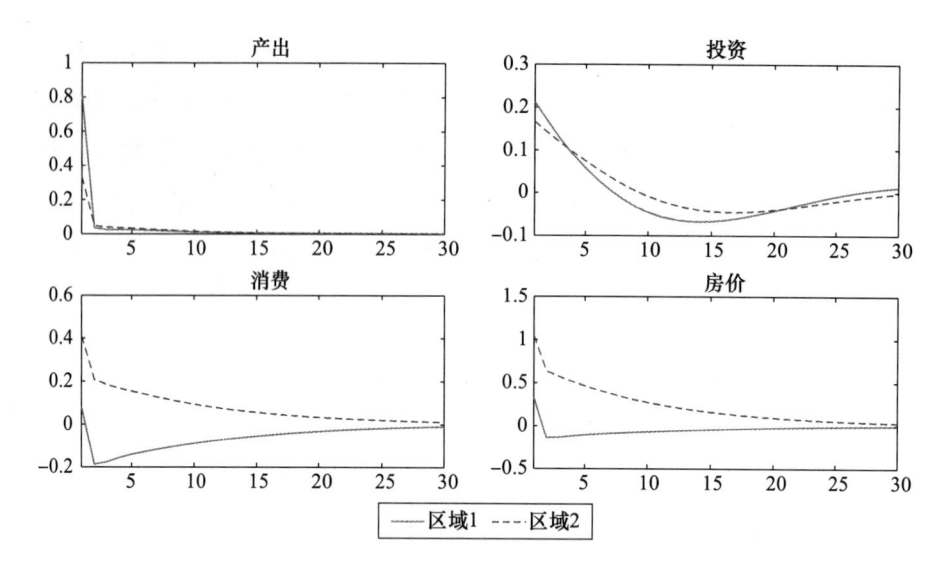

图4.4 区域2房地产需求冲击下的脉冲反应

资料来源：笔者自制。

三 货币政策传导的区域差异

图4.5给出了紧缩性货币政策冲击下经济的脉冲反应，在收敛到均衡点之前，区域1比区域2产生了更大的波动。从而，本章的发现与Carlino和Defina（1998，1999）关于产出对货币政策反应的区域差异相一致，与Fratantoni和Schuh（2003）关于房价对货币政策反应的区域差异相一致。

由此，一个潜在的重要问题是对货币政策规则的探讨。模型中货币政策规则对总体通货膨胀进行反应，与现实相一致，总体通货膨胀率是对两个区域通货膨胀率的加权平均，权重分别为两个区域的经济规模。然而，如果经济波动存在区域差异，且货币政策的传导也存在区域差异，那么以经济规模确定的权重则未必是最优的。

在模型的基础上，本章通过解一个简化的Ramsey问题来确定最优权重。

$$\Pi_t = (\pi_t)^{\omega}(\pi_t^*)^{1-\omega} \tag{4.72}$$

本章以通胀和产出的波动衡量福利损失，在保持模型所有最优性

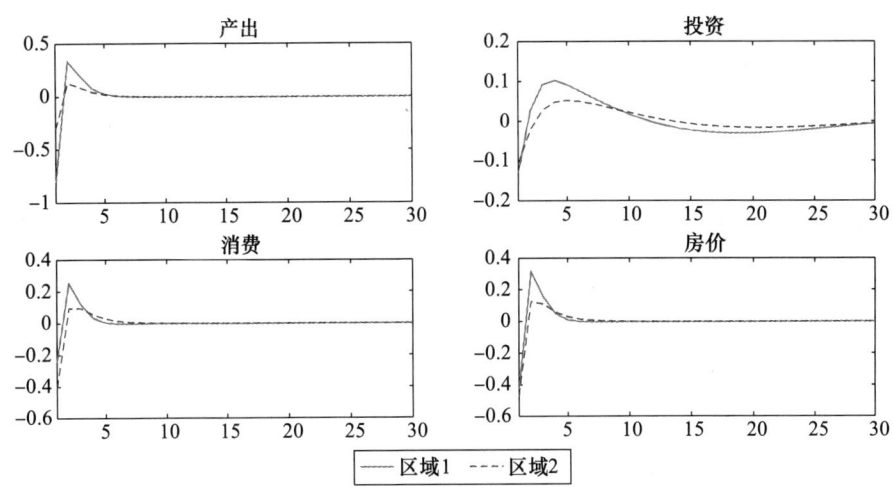

图 4.5 货币政策冲击下的脉冲反应

资料来源：笔者自制。

条件得到满足的前提下，求解最优的区域权重 ω。数值计算结果如图 4.6 所示，纵轴表示最优权重 ω，横轴表示目标函数中对通胀和产出的相对偏好程度，越向左，产出的权重越大，越向右，通胀的权重越大。可以看到，最优权重均显著大于 0.44。在对通胀和产出赋予相同的目标权重时，最优的货币政策区域权重 ω 应等于 0.5062。

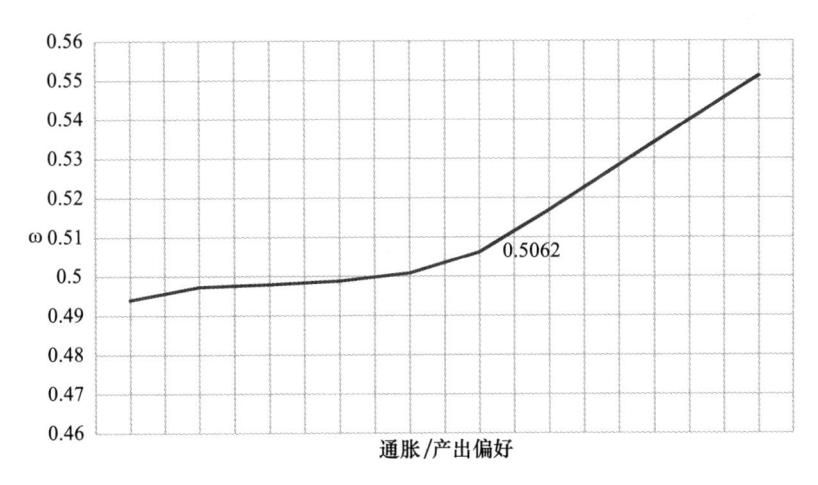

图 4.6 最优的货币政策区域权重

资料来源：笔者自制。

四 地方政府的土地财政行为

此外，本章考察地方政府的土地财政行为对区域房地产市场的影响。图4.7给出了土地供给冲击下区域房价的脉冲反应，τ值越高表明地方政府对土地财政的依赖程度越大。结果表明，地方政府对土地财政的依赖程度越大，则造成的区域房地产市场波动也越大。这与上一章中的结论是一致的。值得指出的是，通过将上一章的模型推广到区域层面，本章的模型可以为研究中国的地区间竞争提供一个理论框架上的起点。基于中国地方官员的晋升激励（周黎安，2007），地方政府间存在着激烈的竞争关系。在分税制背景下，地方政府间的竞争往往表现为支出竞争，且具有明显的生产性支出偏向（傅勇和张晏，2007；尹恒和朱虹，2011），而土地财政在其中发挥着重要的作用。

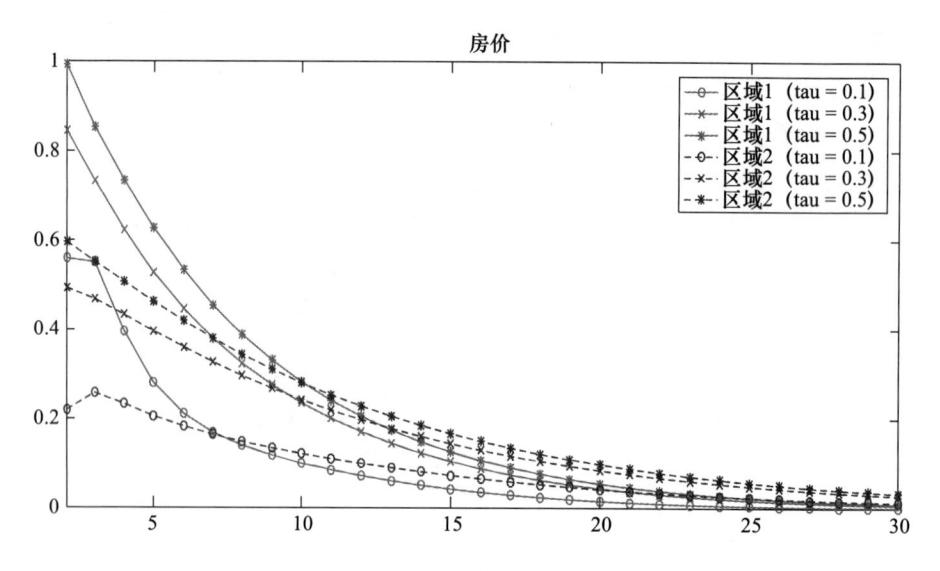

图4.7 土地供给冲击下的脉冲反应

资料来源：笔者自制。

五 信贷市场一体化与房价溢出

模型分析表明，由于房地产价格对信贷约束的重要影响，经济波动在房价不同的地区表现出显著的差异性。事实上，房地产价格对信贷约束的影响不仅作用于区域内的信贷市场，同样作用于区域间的信贷市场。如果考虑到资本在区域间的流动性，那么一个区域内的房价变化会通过信贷约束影响其他区域的信贷结构。本章接下来对模型进行扩展，通过显性地刻画区域间的信贷市场，进一步探讨其理论含义。

在扩展模型①中，本章将信贷约束进一步区分为区域内的信贷约束和区域间的信贷约束：

$$d_t^{11} \leq \mu x_t p_{h,t} h_t \tag{4.73}$$

$$d_t^{12} \leq (1-x_t) p_{h,t} h_t \left[1 - \frac{1-\nu}{p_h h}(1-x_t) p_{h,t} h_t \right] \tag{4.74}$$

其中，x 为房地产用于在本地区借贷中充当抵押品的比例。相应地，$1-x$ 比例的房地产将被作为向另一地区借贷的抵押品，且由于处于信息上的劣势，跨地区借贷面临一个凸的借贷成本 $((1-\nu)/p_h h)(p_{h,t} h_t)^2$。

图 4.8 给出了两区域房价和抵押品比例对区域 2 房地产供给的一个负向冲击的脉冲反应。可以看到，区域 2 的房价显著上升，并且对区域 1 的房价产生了明显的"溢出"。本章对模型的传导机制解释如下：一方面，初始的房地产供给冲击使区域 2 的房地产供给曲线发生移动，从而导致该地区房地产均衡价格上升。而房价的上升放松了区域 2 的信贷约束，导致其对房地产的需求曲线上升，从而进一步推高房价。信贷约束的存在通过这一自我强化过程，显著地放大了冲击地区的房价波动。另一方面，随着区域 2 房价的上升，区域 1 向区域 2 提供借贷的边际成本上升，或者也可理解为区域 2 房价的上升使该地区向区域 1 提供借贷的相对成本下降。区域 1 会借此机会增加从区域 2 的借贷，并降低用于在本地借贷的房地产抵押品比例 x。这种信贷结构的变化，本质上反映了借贷行为从无效

---

① 对扩展模型的完整描述详见附录 C。

率市场向有效率市场的转移。在这一过程中，房地产作为抵押品的边际价值增加，从而区域 1 的房地产需求上升，区域 2 的房价上升便通过这一机制传导至区域 1，产生溢出效应。

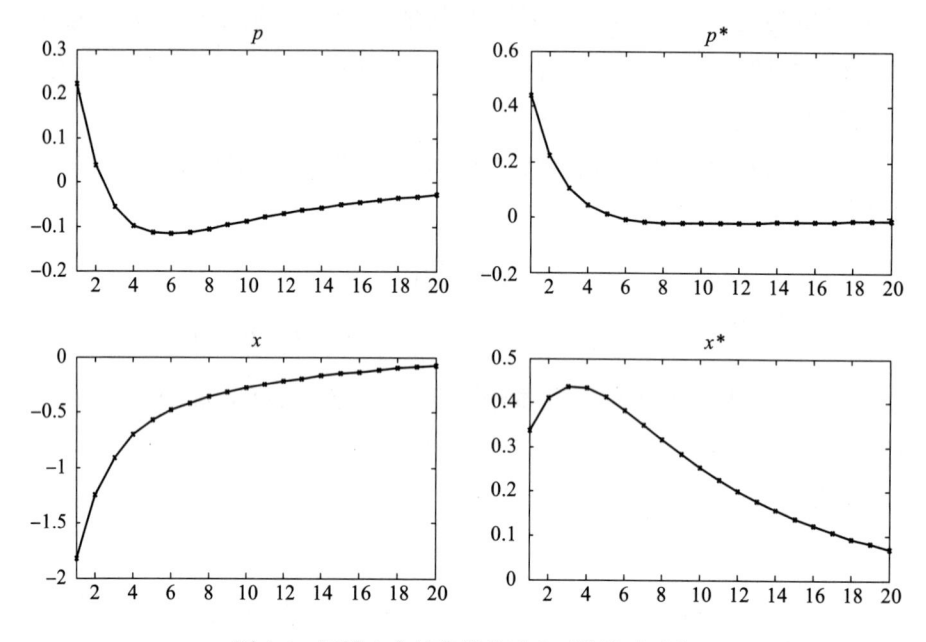

图 4.8　区域 2 房地产供给冲击下的脉冲反应

资料来源：笔者自制。

在模型中，贷款抵押比例 μ 和 ν 之间的差距，反映了两区域信贷市场的一体化程度。差距越大，一体化程度越低；差距越小，一体化程度越高。图 4.9 给出了在同样的冲击下，不同的信贷市场一体化程度所造成的区别。比较来看，冲击所在地的信贷结构在信贷市场一体化程度较低的情况下（虚线所示）变化更加明显，导致当地房价上升更为显著；而非冲击所在地的信贷结构在信贷市场一体化程度较高的情况下（实线所示）变化更加明显，导致房价的溢出效应更为显著。

最后，本章运用空间计量方法，对中国房价波动是否具有模型推论的区域间溢出效应进行实证检验。模型选取中国 31 个省份 1999—

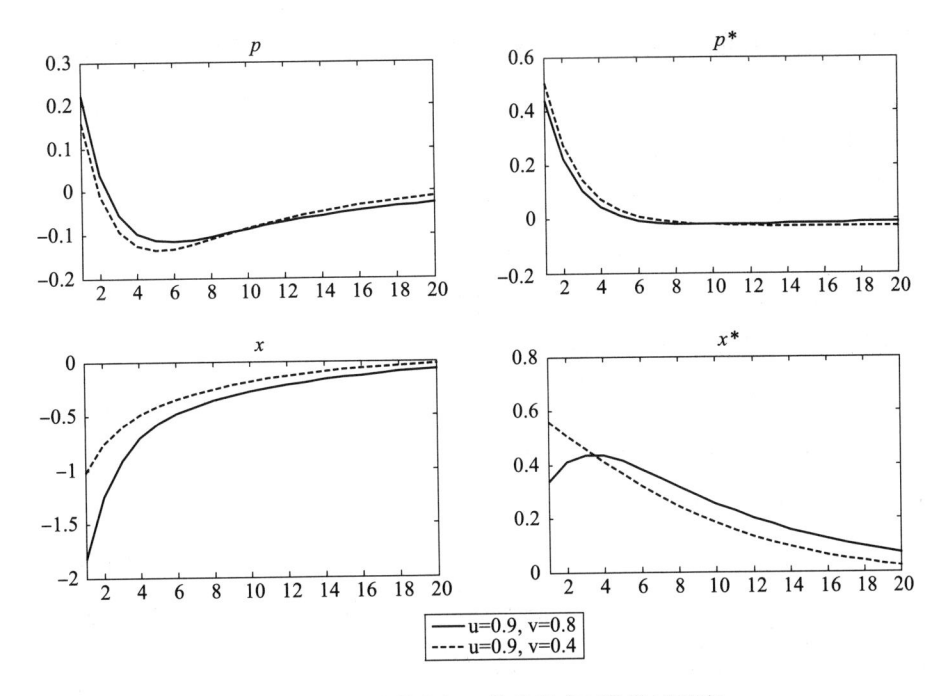

图 4.9 不同信贷市场一体化程度下的脉冲反应

资料来源：笔者自制。

2014 年的面板数据，其中，HP 为商品房销售价格（元/平方米），Y 为城镇居民家庭人均可支配收入（元），POP 为城镇从业人员数（万人），LS 为国有土地出让面积（公顷）。原始数据来源于《中国房地产统计年鉴》《中国统计年鉴》和《中国国土资源统计年鉴》，房价和收入数据以 1999 年为基期根据居民消费价格指数做了调整。

模型（1）——基准面板模型

$$\ln HP_{it} = \beta_1 \ln Y_{it} + \beta_2 \ln POP_{it} + \beta_3 \ln LS_{it} + c_i + \alpha_t + v_{it} \quad (4.75)$$

其中，c_i 和 α_t 分别表示个体和时间的固定效应。

模型（2）——空间自回归模型（SAR）

$$\ln HP_{nt} = \lambda W_n \ln HP_{nt} + \ln X_{nt} \beta + c_n + \alpha_t l_n + V_{nt} \quad (4.76)$$

其中，l_n 是 $n \times 1$ 的元素全为 1 的列向量，$V_{nt} = (v_{1t}, v_{2t}, \ldots, v_{nt})'$ 是 $n \times 1$ 的列向量。W_n 是一个 $n \times n$ 的空间权重矩阵，表示空间对象

的相互邻接关系。其对角线元素为 0，其余元素 w_{ij} 满足：如果区域 i 与区域 j 相邻，记 $w_{ij} = 1$；否则，记 $w_{ij} = 0$。X 为控制变量，包括模型（1）中的 Y、POP 和 LS。

模型（3）——空间误差模型（SEM）

$$\ln HP_{nt} = \ln X_{nt}\beta + c_n + \alpha_t l_n + U_{nt}, U_{nt} = \mu W_n U_{nt} + V_{nt} \quad (4.77)$$

模型（4）——静态空间面板模型

$$\ln HP_{nt} = \lambda W_n \ln HP_{nt} + \ln X_{nt}\beta + c_n + \alpha_t l_n + U_{nt}, U_{nt} = \mu W_n U_{nt} + V_{nt} \quad (4.78)$$

模型（5）——动态空间面板模型

$$\ln HP_{nt} = \lambda W_n \ln HP_{nt} + \gamma \ln HP_{n,t-1} + \rho W_n \ln HP_{n,t-1} + \ln X_{nt}\beta + c_n + \alpha_t l_n + V_{nt} \quad (4.79)$$

其中，$HP_{n,t-1}$ 表示房价的时间滞后项。从而 λ、γ 和 ρ 分别表征了房价的空间溢出效应、时间累积效应以及交叉效应。

模型的估计结果见表 4.5[①]。对模型（1）的估计结果如第一列所示，模型表现良好，各系数均显著，且与理论符号一致，这为进一步引入空间和时间因素提供了基础。在引入空间因素后，对静态空间面板模型（2）—模型（4）的估计结果显示，总体上，三个模型均表现出显著的房价正向溢出效应，收入和人口因素对房价的影响较模型（1）有所下降。运用 QML 方法，对模型（5）的估计结果显示在最后两列，偏误修正后的一致性估计量显示在最后一列。首先，房价在区域间的溢出效应显著。反映空间溢出效应的系数 λ 为 0.2974，且在 1% 水平下显著，这证明了中国各区域的房价波动的确会在区域间进行传导。其次，房价的时间累积效应显著。反映时间累积效应的系数 γ 为 0.6859，且在 1% 水平下显著，这证明了

[①] Hausman 检验肯定了选取固定效应模型的恰当性。对模型（2）—模型（4）的估计采用极大似然方法。对模型（5）的估计基于 Lee 和 Yu（2010）提出的 QML（Quasi-Maximum Likelihood）方法。这一方法通过数据转换和一个偏误修正过程，能够得到参数的一致估计量，详见附录 C。

上一期房价对本期房价有显著的正向影响。现实中，预期的存在导致了人们的追涨行为，当某一期的房价上涨，人们预期未来的房价会更高，或上涨速度更快，从而推高下一期的房价。最后，收入和人口因素的影响继续降低，显著性也下降；土地供给对房价有负向影响且十分显著，这与理论模型相一致。

表4.5　　　　　　　　　　　模型估计结果

变量	模型（1）	模型（2）	模型（3）	模型（4）	模型（5）	偏误修正
$W_n HP_{nt}$	—	0.3324*** (5.12)	—	0.6995*** (8.73)	0.2330*** (2.87)	0.2974*** (3.53)
$W_n U_{nt}$	—	—	0.3711*** (5.06)	−0.6218*** (−3.54)	—	—
$HP_{n,t-1}$	—	—	—	—	0.5400*** (11.32)	0.6859*** (13.21)
$W_n HP_{n,t-1}$	—	—	—	—	0.0808 (0.64)	0.0574 (0.37)
Y	0.6411*** (5.39)	0.4901*** (4.47)	0.4833*** (4.02)	0.3794*** (3.73)	0.3055** (2.32)	0.2314* (1.81)
POP	0.2459*** (4.22)	0.1922*** (3.74)	0.1002** (2.15)	0.1747*** (3.86)	0.0748 (1.33)	0.0291 (0.57)
LS	−0.0244** (−2.14)	−0.0258** (−2.37)	−0.0233** (−2.07)	−0.0175** (−1.99)	−0.0417*** (−3.94)	−0.0389*** (−3.72)
省份固定	Yes	Yes	Yes	Yes	Yes	Yes
时间固定	Yes	Yes	Yes	Yes	Yes	Yes
样本数	496	496	496	465	465	465
LogL	363.17	395.42	373.95	729.27	528.61	503.44

注：括号内为t值，*、**和***分别表示在10%、5%和1%水平下显著，"—"表示变量缺省。

资料来源：笔者自制。

第五节　结论

本章构建了一个多区域的DSGE模型，以刻画不同区域内以及区域间的金融摩擦，从而将对房地产价格与经济波动的研究推广到了区域层面。采用中国的宏观季度数据对模型进行贝叶斯估计，得到了以下动态特征：（1）经济波动在房价不同的两个区域表现出显著的差异性；（2）高房价区域表现出更加显著的对波动的放大效应；（3）不同区域对货币政策冲击的反应程度存在差异，从而以经济规模确定货币政策规则中的区域权重未必最优；（4）地方政府对土地财政的依赖会对区域房地产市场的波动造成显著的影响；（5）房价波动在区域间存在溢出效应，且区域间信贷市场一体化程度越高，房价波动的溢出效应越显著。

本章的贡献主要体现在以下两个方面。首先，中国区域发展不平衡的特点需要我们在宏观经济研究中更多地考虑区域层面的因素，本章提出了一个多区域的 DSGE 模型框架，该理论框架可以适用于一系列相关问题的研究。其次，本章在一个统一的模型框架下给出了一系列基于区域层面的特征事实，这有助于在保持理论一致性的同时形成对现实经济较为全面和准确的刻画，并为宏观政策的制定提供参考。

在此基础上，本章的研究可以在多方面进行扩展。首先，本章的模型框架可以自然地扩展到对最优货币政策的讨论。一方面，区域异质性的存在可能会使"一刀切"的货币政策规则难以达到预期的目标，政策制定需要给不同的区域赋予不同的权重。另一方面，鉴于房地产价格对经济波动的重要影响，有必要探讨货币政策是否应该对房价进行反应。其次，在本章的模型框架中很容易引入对财政政策的讨论。本章由于重点关注房地产市场，因此只对地方政府的土地财政和债务进行了探讨。进一步引入中央政府和地方政府的税收和转移支付等要素，有助于更好地刻画中国的财政分权体系。

至此，本书在金融经济周期的视角下探讨了中国房地产市场与经济波动的密切联系。根据中国经济特征，本书在以上两章逐步将一个标准的 DSGE 模型扩展至包含地方政府、不同区域以及货币政策的新凯恩斯模型。在模型中，房地产的重要作用体现在其对信贷约束的影响。可以看到，家庭部门事实上充当了金融中介的作用，但这一过程没有考虑摩擦。本书在下一章显性地引入金融中介部门，刻画其面临的金融摩擦，进一步探讨金融经济周期在中国的表现形式。

第 五 章

金融摩擦与商业银行信贷

在之前两章的模型分析中,笔者尽管引入了以房地产价格为核心的信贷约束,但并没有显性地引入金融中介部门。其中,家庭部门事实上充当了金融中介的作用,但这一过程没有考虑摩擦。本章通过构建一个包含商业银行的 DSGE 模型,同时对中国商业银行资产和负债两端的金融摩擦进行刻画,研究其对经济波动的影响。数值模拟结果表明,在商业银行的负债端,随着中央银行对商业银行监管程度的增加,商业银行信贷的波动会显著降低,进而可以有效降低产出水平的波动。而在商业银行的资产端,金融市场越发达,商业银行信贷对货币政策冲击的反应越剧烈,导致产出水平的波动越显著。随着中国利率市场化改革的深入和金融市场发展水平的不断提高,商业银行的信贷渠道更容易造成经济波动的加剧,而通过加强金融监管能够有效地平抑这一过程,进而改善社会福利水平。

第一节 引言

党的十八届三中全会以来,中国利率市场化进程进一步加快。2015 年 10 月,中国人民银行正式取消了存款利率浮动上限,标志着中国利率管制时代的终结，利率市场化改革取得了里程碑式的突破。在这一过程中，商业银行对金融资源的配置作用将越发得到凸显。特别地，中国企业大部分外部融资都依赖于银行，这使得中国经济对银行信贷的波动尤其敏感（许伟和陈斌开，2009）。利率市场化改革的继续深入，需要我们关注商业银行信贷的波动特征，尤其是要对货币政策冲击下商业银行的反应有一个较为准确的把握。然而，金融摩擦的存在可能会显著地影响货币政策冲击通过银行信贷渠道的传导。本章构建一个包含商业银行的动态随机一般均衡模型，对与商业银行信贷密切相关的金融摩擦进行刻画，并通过数值模拟考察其对货币政策冲击的影响程度和效果。

通过 DSGE 模型对金融摩擦的研究，建立在金融加速器理论（Bernanke 等，1999；Kiyotaki 和 Moore，1997）的基础上。2008 年国际金融危机之后，有学者开始将银行部门作为行为主体纳入到 DSGE 模型框架中，考察商业银行在经济波动的传导中所发挥的作用（Gertler 和 Karadi，2011；康立等，2013；康立和龚六堂，2014；Gertler 和 Kiyotaki，2015；Iacoviello，2015 等）。本章主要在两个方面区别于上述研究：一是对金融摩擦的刻画，以往研究往往假设摩擦只存在于家庭和银行之间，或者银行和企业之间，本章结合中国的实际情况，在银行的资产和负债两端均考虑相应的金融摩擦，以更加全面地考察银行信贷的波动特征；二是在中国利率市场化的背景下，本章的研究目的是评估金融摩擦对货币政策冲击的影响，技术冲击等其他外生冲击不在本章的考察范围之列。

本章接下来的结构安排如下：第二节构建一个包含商业银行的 DSGE 模型，并对与商业银行信贷密切相关的金融摩擦进行刻画；第三节对模型进行数值模拟，分析模型的动态特征和福利含义；第四节进行总结。

第二节 理论模型

考虑一个由家庭、商业银行、生产商、零售商和中央银行构成的经济系统。家庭进行消费和储蓄，并向生产商提供劳动。商业银行从家庭吸收存款，并向生产商提供融资。生产商利用资本和劳动生产中间产品。垄断竞争的零售商向生产商购买中间产品，经差异化处理后打包成最终产品卖给消费者。中央银行通过货币政策对经济进行调节。

一 家庭

家庭的效用函数建立在消费 $C_{h,t}$ 和劳动 N_t 的基础上，其目标函数为：

$$\max E_0 \sum_{t=0}^{\infty} \beta_h^t \left[\log(C_{h,t} - \eta C_{h,t-1}) - \kappa \frac{N_t^{1+\varphi}}{1+\varphi} \right] \quad (5.1)$$

其中，β_h 为家庭的贴现因子，η 衡量消费习惯，κ 为劳动供给偏好系数，φ 为劳动供给弹性的倒数。

家庭的预算约束为：

$$C_{h,t} + D_t + \frac{\psi_{hd}}{2} \frac{(D_t - D_{t-1})^2}{D} = w_t N_t + R_{t-1} D_{t-1}/\pi_t + DIV_t \quad (5.2)$$

其中，D_t 为储蓄，ψ_{hd} 衡量其调整成本，w_t 为实际工资，R_t 为利率水平，$\pi_t \equiv P_t/P_{t-1}$ 表示通货膨胀率，DIV_t 为垄断利润。

家庭在预算约束（5.2）下，最大化其目标函数（5.1），最优性条件为：

$$\mu_{h,t} = \frac{1}{C_{h,t} - \eta C_{h,t-1}} - E_t \frac{\beta_h \eta}{C_{h,t+1} - \eta C_{h,t}} \quad (5.3)$$

$$1 + \frac{\psi_{hd}}{D}(D_t - D_{t-1}) = m_{h,t} E_t \left[\frac{R_t}{\pi_{t+1}} + \frac{\psi_{hd}}{D}(D_{t+1} - D_t) \right] \quad (5.4)$$

$$w_t = \frac{\kappa N_t^\varphi}{\mu_{h,t}} \qquad (5.5)$$

式（5.3）为家庭消费的决策方程，$\mu_{h,t}$ 表示影子价格。式（5.4）为家庭储蓄的欧拉方程，$m_{h,t} \equiv \beta_h E_t(\mu_{h,t+1}/\mu_{h,t})$ 表示随机贴现因子。式（5.5）为家庭的劳动供给方程。

二 商业银行

商业银行的目标函数为：

$$\max E_0 \sum_{t=0}^{\infty} \beta_b^t \log(C_{b,t} - \eta C_{b,t-1}) \qquad (5.6)$$

其中，$C_{b,t}$ 为商业银行家的消费，β_b 为其贴现因子，且满足 $\beta_b < \beta_h$。

商业银行的预算约束为：

$$C_{b,t} + R_{t-1}D_{t-1}/\pi_t + L_{e,t} + \frac{\psi_{bd}}{2}\frac{(D_t - D_{t-1})^2}{D} + \frac{\psi_{bl}}{2}\frac{(L_{e,t} - L_{e,t-1})^2}{L_e} =$$
$$D_t + R_{e,t}L_{e,t-1}/\pi_t \qquad (5.7)$$

其中，$L_{e,t}$ 为向生产商提供的贷款，其回报率为 $R_{e,t}$，ψ_{bd} 和 ψ_{bl} 分别为存款和贷款的调整成本系数。

这里通过对商业银行施加如下的信贷约束，刻画商业银行信贷面临的第一类金融摩擦：

$$L_{e,t} - D_t \geq \rho_b(L_{e,t-1} - D_{t-1}) + (1 - \gamma_b)(1 - \rho_b)L_{e,t} \qquad (5.8)$$

该类金融摩擦来源于中央银行为防范金融风险而对商业银行实施的一系列监管措施，例如，资本充足率指标，其意味着银行资本金必须超出资产的一个比例 $(1 - \gamma_b)$，ρ_b 为平滑系数。可见，γ_b 越小，该信贷约束越紧，意味着金融监管越严。

商业银行在预算约束（5.7）和信贷约束（5.8）下，最大化其目标函数（5.6），最优性条件为：

$$\mu_{b,t} = \frac{1}{C_{b,t} - \eta C_{b,t-1}} - E_t \frac{\beta_b \eta}{C_{b,t+1} - \eta C_{b,t}} \qquad (5.9)$$

$$1 - \frac{\psi_{bd}}{D}(D_t - D_{t-1}) - \lambda_{b,t} =$$

$$m_{b,t}E_t\left[\frac{R_t}{\pi_{t+1}} - \frac{\psi_{bd}}{D}(D_{t+1} - D_t) - \rho_b\lambda_{b,t+1}\right] \quad (5.10)$$

$$1 + \frac{\psi_{bl}}{L_e}(L_{e,t} - L_{e,t-1}) - [1 - (1-\gamma_b)(1-\rho_b)]\lambda_{b,t} =$$

$$m_{b,t}E_t\left[\frac{R_{e,t+1}}{\pi_{t+1}} + \frac{\psi_{bl}}{L_e}(L_{e,t+1} - L_{e,t}) - \rho_b\lambda_{b,t+1}\right] \quad (5.11)$$

式（5.9）为消费的决策方程，$\mu_{b,t}$ 表示影子价格。式（5.10）为向家庭吸收存款的欧拉方程，$\lambda_{b,t}$ 为对应信贷约束的拉格朗日乘子，$m_{b,t} \equiv \beta_b E_t(\mu_{b,t+1}/\mu_{b,t})$ 表示随机贴现因子。式（5.11）为向生产商提供贷款的欧拉方程。

三 生产商

生产商的目标函数为：

$$\max E_0 \sum_{t=0}^{\infty} \beta_e^t \log(C_{e,t} - \eta C_{e,t-1}) \quad (5.12)$$

其中，$C_{e,t}$ 为企业家的消费，β_e 为其贴现因子，且满足 $\beta_e < \beta_b$。生产商的预算约束为：

$$C_{e,t} + w_t N_t + R_{e,t}L_{e,t-1}/\pi_t + I_t + \frac{\psi_{el}}{2}\frac{(L_{e,t} - L_{e,t-1})^2}{L_e} = Y_t/X_t + L_{e,t}$$

$$(5.13)$$

其中，I_t 为投资，$X_t \equiv P_t/P_t^w$，P_t^w 表示生产商向零售商出售中间产品的批发价格，ψ_{el} 为生产商对贷款的调整成本系数。

生产函数和资本积累方程分别为：

$$Y_t = AK_{t-1}^{\alpha}N_t^{1-\alpha} \quad (5.14)$$

$$K_t = (1-\delta)K_{t-1} + \left[1 - \frac{\Omega}{2}\left(\frac{I_t}{I_{t-1}} - 1\right)^2\right]I_t \quad (5.15)$$

其中，A 为技术参数，α 为资本产出弹性，δ 为资本折旧率，Ω 为资本调整成本系数。

这里通过对生产商施加如下的信贷约束，刻画商业银行信贷面临的第二类金融摩擦：

$$L_{e,t} \leq \rho_e L_{e,t-1} + (1-\rho_e) E_t(\gamma_e q_{t+1} K_t - \gamma_n W_t N_t) \quad (5.16)$$

该类金融摩擦主要来源于商业银行和生产商之间的信息不对称，商业银行要求生产商以其资产价值作为抵押，向生产商提供的贷款额度不超过抵押品价值的一个比例 γ_e，q 表示资本的相对价格。γ_e 反映了金融市场的发展程度，其越小，表明企业融资成本越高，金融市场越不发达。此外，这里还考虑了生产商提前支付工资的现实情形，γ_n 衡量提前支付的比例。ρ_e 为平滑系数。

生产商的最优性条件为：

$$\mu_{e,t} = \frac{1}{C_{e,t} - \eta C_{e,t-1}} - E_t \frac{\beta_e \eta}{C_{e,t+1} - \eta C_{e,t}} \quad (5.17)$$

$$1 - \frac{\psi_{el}}{L_e}(L_{e,t} - L_{e,t-1}) - \lambda_{e,t} =$$

$$m_{e,t} E_t \left[\frac{R_{e,t+1}}{\pi_{t+1}} - \frac{\psi_{el}}{L_e}(L_{e,t+1} - L_{e,t}) - \rho_e \lambda_{e,t+1} \right] \quad (5.18)$$

$$w_t N_t = \frac{(1-\alpha)Y_t}{[1 + \gamma_n(1-\rho_e)\lambda_{e,t}]X_t} \quad (5.19)$$

$$q_t - \gamma_e(1-\rho_e)E_t(\lambda_{e,t} q_{t+1}) = m_{e,t} E_t \left[\frac{\alpha Y_{t+1}}{X_{t+1} K_t} + (1-\delta) q_{t+1} \right]$$

$$(5.20)$$

$$1 = q_t \left[1 - \frac{\Omega}{2}\left(\frac{I_t}{I_{t-1}} - 1\right)^2 - \Omega\left(\frac{I_t}{I_{t-1}} - 1\right)\frac{I_t}{I_{t-1}} \right] +$$

$$\Omega m_{e,t} E_t \left[q_{t+1}\left(\frac{I_{t+1}}{I_t} - 1\right)\left(\frac{I_{t+1}}{I_t}\right)^2 \right] \quad (5.21)$$

式（5.17）为消费的决策方程，$\mu_{e,t}$ 表示影子价格。式（5.18）为信贷的欧拉方程，$m_{e,t} \equiv \beta_e E_t(\mu_{e,t+1}/\mu_{e,t})$ 表示随机贴现因子。式（5.19）为生产商的劳动需求方程。式（5.20）和式（5.21）分别为资本和投资的欧拉方程。

四 零售商

假设存在 $z \in [0,1]$ 的垄断竞争的零售商,它们在完全竞争的市场上以 P_t^w 的价格向生产商购买中间产品 Y_t,对其进行差异化处理后打包成最终品:

$$Y_t^f = \left[\int_0^1 Y_t(z)^{\frac{\sigma-1}{\sigma}} dz\right]^{\frac{\sigma}{\sigma-1}} \quad (5.22)$$

相应的价格指数为:

$$P_t \equiv \left[\int_0^1 P_t(z)^{1-\sigma} dz\right]^{\frac{1}{1-\sigma}} \quad (5.23)$$

其中,σ 为差异化产品 $Y_t(z)$ 间的替代弹性。

假设零售商以 Calvo 的方式调整其价格 $P_t(z)$,每期调整价格的概率为 $(1-\theta)$,则其最优化问题为:

$$\max E_t \sum_{k=0}^{\infty} \theta^k \Lambda_{t,t+k} \left[\frac{P_t(z)}{P_{t+k}} - MC_{t+k}\right] Y_{t+k}(z) \quad (5.24)$$

受约束于其需求曲线

$$Y_t(z) = \left[\frac{P_t(z)}{P_t}\right]^{-\sigma} Y_t^f \quad (5.25)$$

其中,$\Lambda_{t,t+k} \equiv \beta_h^k E_t(\mu_{h,t+k}/\mu_{h,t})$ 表示随机贴现因子,$MC_t = 1/X_t$ 表示边际成本。

最优定价 $P_t^*(z)$ 满足:

$$P_t^*(z) = \left(\frac{\sigma}{\sigma-1}\right) \frac{E_t \sum_{k=0}^{\infty} \theta^k \beta_h^k \mu_{h,t+k} MC_{t+k} Y_{t+k} (P_{t+k})^{\sigma}}{E_t \sum_{k=0}^{\infty} \theta^k \beta_h^k \mu_{h,t+k} Y_{t+k} (P_{t+k})^{\sigma-1}} \quad (5.26)$$

从而价格变动满足:

$$P_t^{1-\sigma} = (1-\theta)(P_t^*)^{1-\sigma} + \theta P_{t-1}^{1-\sigma} \quad (5.27)$$

结合式(5.26)和式(5.27)并进行对数线性化,可以得到菲利普斯曲线:

$$\hat{\pi}_t = \beta_h E_t \hat{\pi}_{t+1} - \frac{(1-\theta)(1-\beta_h\theta)}{\theta} \hat{X}_t \quad (5.28)$$

五 中央银行

中央银行对商业银行进行监管,并通过货币政策对经济进行调节。假设中央银行的货币政策调控遵循如下规则:

$$\log\left(\frac{R_t}{R}\right) = \rho_R \log\left(\frac{R_{t-1}}{R}\right) + (1-\rho_R)\left[\varphi_\pi \log\left(\frac{\pi_t}{\pi}\right) + \varphi_Y \log\left(\frac{Y_t}{Y}\right)\right] + \varepsilon_{R,t} \quad (5.29)$$

其中,ρ_R 为利率平滑参数,φ_π 和 φ_Y 分别为对通胀和产出的反应参数,$\varepsilon_{R,t}$ 为货币政策冲击。

六 宏观均衡

笔者将宏观均衡定义为:

(Ⅰ) 经济资源的配置 $\{C_{h,t}, C_{b,t}, C_{e,t}, I_t, Y_t, Y_t^f, K_t, N_t, D_t, L_{e,t}\}_{t=0}^{\infty}$ 以及 $\{\pi_t, X_t, q_t, w_t, R_t, R_{e,t}, \mu_{h,t}, \mu_{b,t}, \mu_{e,t}, m_{h,t}, m_{b,t}, m_{e,t}, \lambda_{b,t}, \lambda_{e,t}\}_{t=0}^{\infty}$ 满足上面所有的最优性条件。

(Ⅱ) 经济中所有市场同时出清,其中,产品市场满足以下的市场出清条件:

$$Y_t = C_{h,t} + C_{b,t} + C_{e,t} + \left[1 - \frac{\Omega}{2}\left(\frac{I_t}{I_{t-1}} - 1\right)^2\right]I_t \quad (5.30)$$

笔者将该动态系统在其稳态①附近对数线性化,得到本章的主模型:

(1) 产品市场

$$\hat{Y}_t = C_h \hat{C}_{h,t} + C_b \hat{C}_{b,t} + C_e \hat{C}_{e,t} + I\hat{I}_t \quad (5.31)$$

$$\hat{Y}_t = \alpha \hat{K}_{t-1} + (1-\alpha)\hat{N}_t \quad (5.32)$$

$$\hat{\pi}_t = \beta_h \hat{\pi}_{t+1} - \frac{(1-\theta)(1-\beta_h \theta)}{\theta}\hat{X}_t \quad (5.33)$$

---

① 模型稳态及其性质详见附录 D。

$$(1-\beta_h\eta)(1-\eta)\hat{\mu}_{h,t} = -(1+\beta_h\eta^2)\hat{C}_{h,t} + \eta\hat{C}_{h,t-1} + \beta_h\eta\hat{C}_{h,t+1} \tag{5.34}$$

$$(1-\beta_b\eta)(1-\eta)\hat{\mu}_{b,t} = -(1+\beta_b\eta^2)\hat{C}_{b,t} + \eta\hat{C}_{b,t-1} + \beta_b\eta\hat{C}_{b,t+1} \tag{5.35}$$

$$(1-\beta_e\eta)(1-\eta)\hat{\mu}_{e,t} = -(1+\beta_e\eta^2)\hat{C}_{e,t} + \eta\hat{C}_{e,t-1} + \beta_e\eta\hat{C}_{e,t+1} \tag{5.36}$$

(2) 劳动力市场

$$\hat{w}_t + \hat{\mu}_{h,t} = \varphi\hat{N}_t \tag{5.37}$$

$$\frac{\gamma_n(1-\rho_e)\lambda_e}{1+\gamma_n(1-\rho_e)\lambda_e}\hat{\lambda}_{e,t} + \hat{w}_t + \hat{N}_t = \hat{Y}_t - \hat{X}_t \tag{5.38}$$

(3) 信贷市场

$$\psi_{hd}(\hat{D}_t - \hat{D}_{t-1}) = \hat{\mu}_{h,t} + \hat{R}_t - \hat{\pi}_{t+1} + \frac{\psi_{hd}}{R}(\hat{D}_{t+1} - \hat{D}_t) \tag{5.39}$$

$$\hat{m}_{h,t} = \hat{\mu}_{h,t+1} - \hat{\mu}_{h,t} \tag{5.40}$$

$$[1-(1-\gamma_b)(1-\rho_b)]L_e\hat{L}_{e,t} = D\hat{D}_t + \rho_b(L_e\hat{L}_{e,t-1} - D\hat{D}_{t-1}) \tag{5.41}$$

$$\frac{-\psi_{bd}(\hat{D}_t - \hat{D}_{t-1}) - \lambda_b\hat{\lambda}_{b,t}}{1-\lambda_b} =$$

$$\hat{m}_{b,t} + \frac{R(\hat{R}_t - \hat{\pi}_{t+1}) - \psi_{bd}(\hat{D}_{t+1} - \hat{D}_t) - \rho_b\lambda_b\hat{\lambda}_{b,t+1}}{R - \rho_b\lambda_b} \tag{5.42}$$

$$\hat{m}_{b,t} = \hat{\mu}_{b,t+1} - \hat{\mu}_{b,t} \tag{5.43}$$

$$\frac{\psi_{bl}(\hat{L}_{e,t} - \hat{L}_{e,t-1}) - [1-(1-\gamma_b)(1-\rho_b)]\lambda_b\hat{\lambda}_{b,t}}{[1-[1-(1-\gamma_b)(1-\rho_b)]]\lambda_b} =$$

$$\hat{m}_{b,t} + \frac{R_e(\hat{R}_{e,t+1} - \hat{\pi}_{t+1}) + \psi_{bl}(\hat{L}_{e,t+1} - \hat{L}_{e,t}) - \rho_b\lambda_b\hat{\lambda}_{b,t+1}}{R_e - \rho_b\lambda_b} \tag{5.44}$$

$$\frac{L_e(\hat{L}_{e,t} - \rho_e \hat{L}_{e,t-1})}{1 - \rho_e} = \gamma_e K(\hat{q}_{t+1} + \hat{K}_t) - \gamma_n wN(\hat{w}_t + \hat{N}_t) \tag{5.45}$$

$$\frac{-\psi_{el}(\hat{L}_{e,t} - \hat{L}_{e,t-1}) - \lambda_e \hat{\lambda}_{e,t}}{1 - \lambda_e} =$$

$$\hat{m}_{e,t} + \frac{R_e(\hat{R}_{e,t+1} - \hat{\pi}_{t+1}) - \psi_{el}(\hat{L}_{e,t+1} - \hat{L}_{e,t}) - \rho_e \lambda_e \hat{\lambda}_{e,t+1}}{R_e - \rho_e \lambda_e} \tag{5.46}$$

$$\hat{m}_{e,t} = \hat{\mu}_{e,t+1} - \hat{\mu}_{e,t} \tag{5.47}$$

(4) 动态积累过程

$$\hat{K}_t = (1-\delta)\hat{K}_{t-1} + \delta \hat{I}_t \tag{5.48}$$

$$\frac{\hat{q}_t - (\gamma_e(1-\rho_e)\lambda_e)(\hat{\lambda}_{e,t} + \hat{q}_{t+1})}{1 - \gamma_e(1-\rho_e)\lambda_e} =$$

$$\hat{m}_{e,t} + \frac{\frac{\alpha}{XK}(\hat{Y}_{t+1} - \hat{X}_{t+1} - \hat{K}_t) + (1-\delta)\hat{q}_{t+1}}{\frac{\alpha}{XK} + (1-\delta)} \tag{5.49}$$

$$\hat{q}_t = \Omega(\hat{I}_t - \hat{I}_{t-1}) - m_e \Omega(\hat{I}_{t+1} - \hat{I}_t) \tag{5.50}$$

$$C_b \hat{C}_{b,t} + RD(\hat{R}_{t-1} + \hat{D}_{t-1} - \hat{\pi}_t) + L_e \hat{L}_{e,t} = D\hat{D}_t + R_e L_e(\hat{R}_{e,t} + \hat{L}_{e,t-1} - \hat{\pi}_t) \tag{5.51}$$

$$C_e \hat{C}_{e,t} + wN(\hat{w}_t + \hat{N}_t) + R_e L_e(\hat{R}_{e,t} + \hat{L}_{e,t-1} - \hat{\pi}_t) + I\hat{I}_t =$$

$$\frac{\hat{Y}_t - \hat{X}_t}{X} + L_e \hat{L}_{e,t} \tag{5.52}$$

(5) 货币政策与冲击过程

$$\hat{R}_t = \rho_R \hat{R}_{t-1} + (1-\rho_R)(\varphi_\pi \hat{\pi}_t + \varphi_Y \hat{Y}_t) + \varepsilon_{R,t} \tag{5.53}$$

第三节 数值模拟

一 参数校准

本章参照金融加速器理论的相关文献对模型中的参数进行赋值，主要参考的文献为 Gertler 和 Karadi（2011）以及康立和龚六堂（2014）。需要特别说明的有，本章选取 $\beta_b < \beta_h$ 和 $\beta_e < \beta_b$，从而保证模型中的两个信贷约束在稳态附近等式成立；选取 $\gamma_b < 1$，从而保证贷款利率高于存款利率。参数的取值情况在表 5.1 中进行了总结。

表 5.1　　参数取值情况

参数	描述	取值	参数	描述	取值
β_h	家庭贴现因子	0.99	ϕ_π	货币政策通胀反应参数	1.5
β_b	商业银行贴现因子	0.97	ϕ_Y	货币政策产出反应参数	0.125
β_e	生产商贴现因子	0.95	γ_b	金融监管程度	0.7
η	消费习惯参数	0.3	γ_e	金融发展程度	0.7
κ	劳动供给偏好参数	3.409	γ_n	工资支付比例	1
φ	劳动供给弹性的倒数	0.276	ρ_b	商业银行信贷约束平滑参数	0.65
α	资本产出弹性	0.33	ρ_e	生产商信贷约束平滑参数	0.65
δ	资本折旧率	0.025	ρ_R	利率平滑参数	0.65
Ω	资本调整成本系数	2.452	ψ_d	存款调整成本系数	0.01
θ	价格调整概率	0.779	ψ_l	贷款调整成本系数	0.01
X	价格加成率	1.316			

资料来源：笔者自制。

二 脉冲反应

本章考察一单位紧缩性货币政策冲击下主要经济变量的脉冲反应，结果如图 5.1 所示。紧缩性货币政策环境下，利率水平上升，通货膨胀水平下降，商业银行信贷减少，通过信贷渠道的传导，产出水平显著降低。为应对 2008 年的国际金融危机，中国政府出台了 4 万亿元投资计划，导致商业银行信贷出现激增。而危机过后，通货膨胀的过快增长促使中国人民银行通过货币政策给经济降温，2010—2012 年形成货币政策的紧缩期，经济进入下行。从模拟结果看，紧缩性货币政策有效降低了通货膨胀，达到了货币政策的调控目标。但是，由于商业银行面临金融摩擦，商业银行信贷表现出较为明显的波动特征。这使得货币政策冲击可以通过商业银行的信贷渠道对经济波动产生显著的影响。

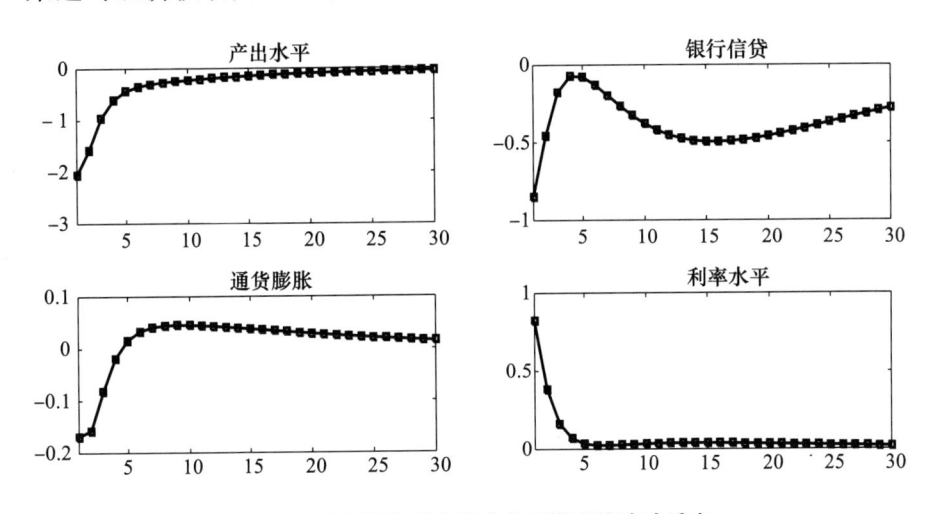

图 5.1 紧缩性货币政策冲击下模型的脉冲反应

资料来源：笔者自制。

在此基础上，本章重点考察模型中两类金融摩擦对货币政策冲击传导的影响。图 5.2 比较了不同金融监管程度下经济的波动情况，γ_b 越小意味着金融监管越严。模拟结果表明，随着中央银行对商业银行监管程度的增加，商业银行信贷的波动会显著降低，进而可以有效降低产出水平的波动。金融危机之后，各国政府纷纷出台措施加强对银行业的监管。2010 年 12 月，按照二十国集团领导人确定的方向，巴塞尔委员会发布了第三版《巴塞尔协议》，对国际金融监管框架进行了一系列根本性的改革,以增强银行业的稳健性,确立了银行监管的新标杆。在巴塞尔协议Ⅲ出台之际,中国银监会及时跟进,推出了以资本充足率、杠杆率、拨备率和流动性要求等监管工具为代表的新监管框架。2012年6月7日,银监会公布《商业银行资本管理办法(试行)》,并自2013年1月1日开始实施,这被业界称为"中国版的巴塞尔Ⅲ"。根据模拟结果,商业银行金融监管的加强对经济波动具有平抑作用。

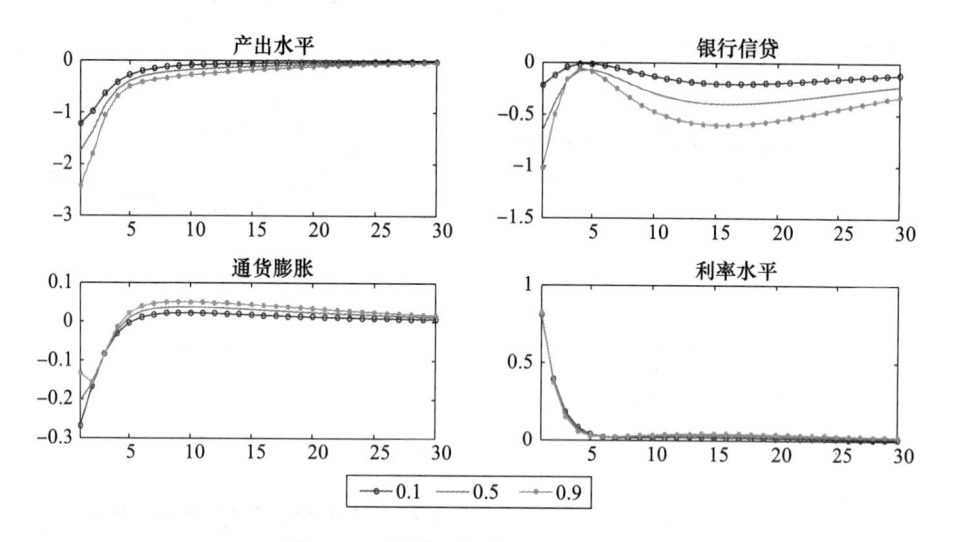

图 5.2 不同金融监管程度 γ_b 的比较

资料来源:笔者自制。

另外,图5.3比较了不同金融发展程度下经济的波动情况,γ_e 越小表示金融发展水平越低。模拟结果表明,金融市场越发达,商业银行信贷对货币政策冲击的反应越剧烈,导致产出水平的下降越显著。这一结果与金融加速器机制是一致的,金融摩擦放大了货币政策冲击的效果,加剧了经济波动。值得指出的是,由于本章着重于对金融中介部门的讨论,在刻画信贷约束时省略了前两章重点探讨的房地产效应。房地产的抵押约束机制会进一步加强商业银行资产端的金融加速器效应,从而放大经济波动。

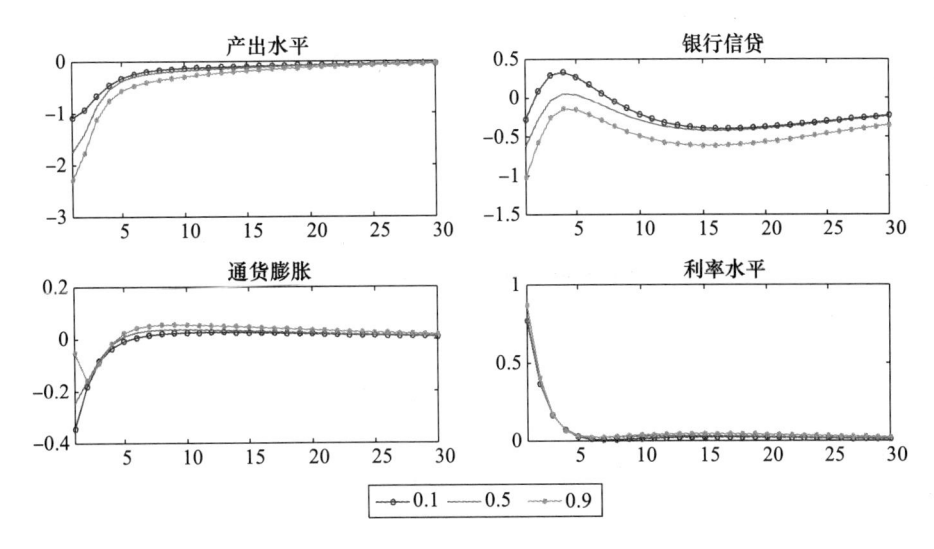

图 5.3　不同金融发展程度 γ_e 的比较

资料来源：笔者自制。

本章理论模型区别于以往研究的优势在于，同时对商业银行资产端和负债端的金融摩擦进行了刻画，这不仅有利于在统一的框架下考察其各自的作用，还有助于对其综合效应进行评估。上述分析表明，在商业银行的负债（吸收存款）端，金融摩擦的影响表现为金融监管对经济波动的平抑作用；而在商业银行的资产（发放贷款）端，金融摩擦的影响表现为金融发展对经济波动的加速器机制。那么，随着中国金融市场发展水平的不断提高，金融监管是否能够成为平抑经济波动的有效手段呢？本章选取 γ_e 等于 0.9，表示较高的金融发展程度，同时选取 γ_b 等于 0.1，表示较高的金融监管程度，模拟结果如图 5.4 所示。通过与图 5.1 的对比可以看到：一方面，通货膨胀的下降程度是类似的，表明货币政策紧缩的目标效果没有受到削弱；另一方面，银行信贷和产出水平的波动显著降低，表明金融监管对经济波动的平抑作用仍然是有效的，从而对社会福利具有改善的作用。

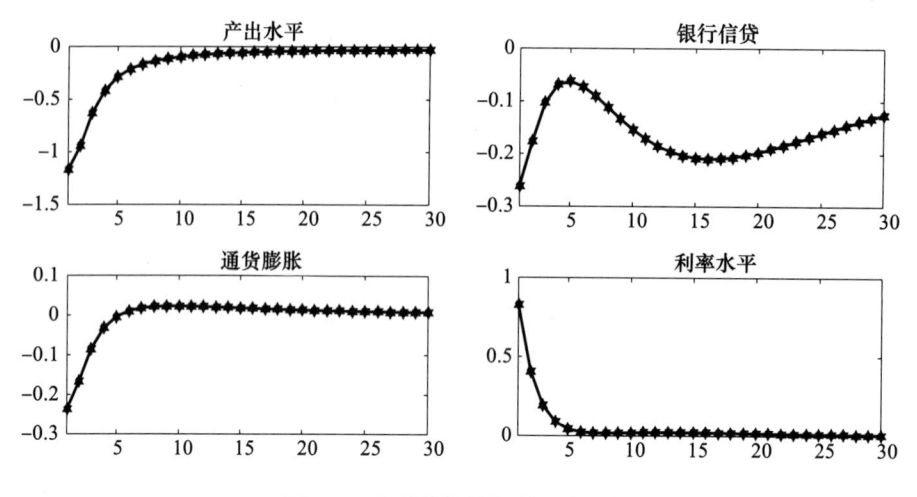

图 5.4　金融监管的福利改善作用

资料来源：笔者自制。

第四节　结论

本章通过构建一个包含商业银行的 DSGE 模型，同时对中国商业银行资产和负债两端的金融摩擦进行刻画，重点研究其对货币政策冲击的影响。数值模拟结果表明，在商业银行的负债端，随着中央银行对商业银行监管程度的增加，商业银行信贷的波动会显著降低，进而可以有效降低产出水平的波动。而在商业银行的资产端，金融市场越发达，商业银行信贷对货币政策冲击的反应越剧烈，导致产出水平的波动越显著。随着中国利率市场化改革的深入和金融市场发展水平的不断提高，商业银行的信贷渠道更容易造成经济波动的加剧，而通过加强金融监管能够有效地平抑这一过程，进而改善社会福利水平。本章的研究揭示了：第一，商业银行的信贷渠道在中国经济波动的传导中扮演着重要的角色；第二，完善对商业银行的金融监管对于增强金融稳定和平抑经济波动具有重要意义。

本章为研究中国商业银行信贷对经济波动的影响提供了一个理

论框架。近年来，商业银行融资规模占社会融资规模的比重出现了下降，而同期影子银行融资规模占社会融资规模的比重则迅速上升，这一现象引起了广泛关注。较为一致的观点是，商业银行的"监管套利"行为，即通过将信贷由表内转为表外从而规避金融监管，是中国影子银行快速增长的重要因素。本章的模型框架适用于刻画商业银行的上述行为，从而对中国影子银行的发展提供理论上的解释和分析，本书将在下一章探讨这一问题。

第六章

金融摩擦与影子银行信贷

近年来，中国的社会融资结构经历了一些新的变化，其中影子银行的迅速扩张最为引人注目。与西方典型的影子银行体系不同，中国式的影子银行体系以商业银行为主导，这使其可能具备独特的经济波动特征。本章首先运用基于符号约束的 SVAR 模型对中国影子银行的波动特征进行实证检验，结果表明，不同于商业银行融资规模的顺周期变动，影子银行融资规模的变动是逆周期的。本章接着构建了一个 DSGE 模型，进一步拓展了商业银行面临的金融摩擦，通过引入商业银行的信贷约束机制，有效地解释了中国影子银行的逆周期特征。模型表明，在紧缩性货币政策环境下，中央银行加强对商业银行存贷比指标的监管，促使商业银行将资金转至表外，借由影子银行绕开金融监管，实现监管套利。模型产生的脉冲反应与 SVAR 的实证证据实现了较好的匹配。在此基础上的数值模拟进一步表明，对影子银行的监管程度越低，影子银行的逆周期性越强。本章的研究从两个方面对上一章进行了扩展：第一，在商业银行的基础上，本章进一步引入影子银行部门，从而对中国以商业银行为主导的银行体系进行更为全面的刻画，并揭示商业银行与影子银行的内在联系；第二，在对商业银行金融监管进行刻画的基础上，本章进一步探讨了商业银行的"监管套利"行为，而这也为中国影子银行的变化特征提供了解释。

第一节 引言

2003—2013 年，中国商业银行融资规模占社会融资规模的比重由 81% 下降至 51%，而同期影子银行融资规模占社会融资规模的比重则由 8% 上升至 30%[①]。影子银行的迅猛扩张，使中国的社会融资结构发生了颠覆性的变化，并形成了足以挑战商业银行信贷规模的发展趋势（林琳等，2016）。与此同时，中国式的影子银行表现出有别于西方发达市场经济国家影子银行的形态特征。一方面，西方影子银行通常都由非银行金融机构（如投资银行）主导，商业银行和影子银行构成一种"平行银行系统"（李波和伍戈，2011），而中国影子银行体系中的主导者，从本质上而言仍是商业银行。如果拆分影子银行的结构，可以发现几乎所有的影子银行机构和业务模式都与商业银行在资金链上存在紧密的联系（裘翔和周强龙，2014）。另一方面，西方影子银行的主要业务内容，往往都以资产证券化活动为核心（Pozsar 等，2010），而中国的影子银行模式本质上和商业银行的经营模式是类似的，具有"类银行"的功能（王振和曾辉，2014）。商业银行作为流动性提供者，通过影子银行的运作，将这些流动性注入无法从商业银行体系或正规直接融资体系获得融资支持的实体（裘翔和周强龙，2014）。中国式影子银行在形态上的这种特殊性，预示着其在经济波动的传导中所扮演的角色不同于西方影子银行。

2008 年国际金融危机以来，西方学者关于影子银行对经济波动的影响进行了大量研究（如 Adrian 和 Shin，2010；Gorton 和

[①] 结合数据的可得性以及 Chen 等（2016）、林琳等（2016）、王振和曾辉（2014）等的研究，本章选取中国人民银行公布的社会融资规模统计指标。其中，商业银行融资规模为人民币贷款，影子银行融资规模为信托贷款、委托贷款与未贴现银行承兑汇票三者之和。

Metrick，2012；Gennaioli 等，2013；Meeks 等，2013）。然而与西方影子银行的顺周期性相反，中国的影子银行似乎表现出逆周期的特征。正如袭翔和周强龙（2014）指出的，在 2010—2012 年中国经济下行的三年间①，影子银行体系膨胀了三倍有余，其逆周期性和西方影子银行体系的顺周期性形成鲜明对比。如果这一特征成立的话，影子银行将势必影响货币政策传导的有效性。国内从实证角度研究影子银行对货币政策传导影响的文献还较为缺少，且主要基于影子银行的信用创造功能（于菁，2013；王振和曾辉，2014），未能反映和衡量影子银行的这种逆周期性对货币政策效果的影响。在此背景下，本章首先运用 SVAR 模型对中国影子银行的逆周期特征进行实证检验，并从数量上考察影子银行对货币政策冲击的反应。方法上，传统上基于简单 Cholesky 分解的 SVAR 方法，由于难以剔除导致价格变动的冗余信息的影响，从而会导致"价格之谜"②。为此，本章采用 Uhlig（2005）基于符号约束的 SVAR 方法，研究货币政策对影子银行的冲击效应。该方法的优点在于不需要对结构矩阵人为施加零约束条件，且能有效解决价格之谜。

　　中国式影子银行的兴起有其特殊的制度背景，较为一致的观点是，商业银行的"监管套利"行为，即通过将表内业务转为表外业务从而规避金融监管，是中国影子银行快速增长的重要因素。Hachem 和 Song（2015）、Chen 等（2016）分别从中国商业银行的负债端和资产端对影子银行的快速增长作出了解释，结论均表明商业银行面临的以存贷比监管为代表的信贷约束是导致影子银行迅速扩张的核心因素，且后者利用委托贷款的微观数据为中国商

---

① 这一时段同时对应着货币政策的紧缩期。在经历了金融危机期间的大规模经济刺激之后，人民银行开始实行紧缩的货币政策以应对信贷和通胀的过快增长。

② "价格之谜"指紧缩性货币政策环境下却出现市场价格上涨的现象，可参见 Christiano 等（1999）、Uhlig（2005）。

业银行的这种监管套利行为提供了实证证据。在此基础上，本章通过构建一个包含上述信贷约束机制的 DSGE 模型来解释中国影子银行的逆周期特征，并利用模型进行政策模拟。近年来，在金融加速器理论（Kiyotaki 和 Moore，1997；Bernanke 等，1999）的基础上，大量研究将银行部门也引入到 DSGE 模型框架之中（Christiano 等，2010；Gertler 和 Karadi，2011；Gertler 和 Kiyotaki，2015；Iacoviello，2015；许伟和陈斌开，2009；鄢莉莉和王一鸣，2012；康立等，2013；康立和龚六堂，2014）。Verona 等（2013）进一步将投资银行部门加入其中，与商业银行构成平行结构，以刻画西方式的影子银行体系。裘翔和周强龙（2014）对这一平行结构进行了修改以刻画中国的影子银行，与本章的信贷约束机制不同，其通过风险承担渠道来解释影子银行的逆周期生长。刘喜和等（2014）、林琳等（2016）也通过构建 DSGE 模型对中国的影子银行进行了研究，模型结果显示影子银行是顺周期的。本章主要尝试在以下两个方面有所贡献：第一，通过实证研究识别中国影子银行的周期性特征；第二，基于中国银行体系的特点提供一个与实证结果相匹配的理论模型。

本章接下来的结构安排如下：第二节运用 SVAR 模型对中国影子银行的逆周期特征进行实证检验；第三节构建一个 DSGE 模型对中国的银行体系进行刻画；第四节对模型进行数值分析和政策模拟，通过与实证结果的比对验证模型的解释力，并在此基础上讨论影子银行对货币政策传导的影响；第五节进行总结。

第二节　基于 SVAR 模型的实证检验

一　SVAR 模型与符号约束

考虑一个简化型的 VAR 模型：

$$Y_t = B_1 Y_{t-1} + B_2 Y_{t-2} + \ldots + B_l Y_{t-l} + u_t, t = 1, \ldots, T \quad (6.1)$$

其中，Y_t 为 $m \times 1$ 的列向量，B_i 为 $m \times m$ 的系数矩阵，u_t 为误差项，其协方差矩阵为 Σ。尽管我们可以估计得到 u_t，但如果研究的兴趣在于考察结构性冲击（本章为货币政策冲击）对 Y_t 的影响，则涉及如何对 u_t 进行分解从而得到结构性冲击。

如果设模型的结构性冲击为 v_t，则意味着需要找到矩阵 A 使得：

$$u_t = A v_t \quad (6.2)$$

遵循对结构性冲击的标准假设 $E[v_t v'_t] = I_m$，可以得到：

$$\Sigma = E[u_t u'_t] = AE[v_t v'_t]A' = AA' \quad (6.3)$$

计算可知对 A 的识别面临着 $m(m-1)/2$ 个自由度，意味着还需要对 A 施加额外的约束以达到识别的目的。

传统方法是假设 $u_t = chol(\Sigma) v_t$，即通过 Cholesky 分解得到 A，但事实上这是一个极强的假设。不妨考虑一个正交矩阵 Q，$Q'Q = QQ' = I$，则任意一个 Q 都可以产生一个满足假设的结构性冲击：

$$u_t = A \times Q \times v_t \quad (6.4)$$

注意到此时仍可以得到：

$$E[u_t u'_t] = AQQ'A' = AA' \quad (6.5)$$

从而传统的处理方法事实上是简单设定了 $Q = I$。

Uhlig（2005）提出了一个全新的思路。其不对 A 的形式人为施加零约束条件，而是通过随机抽样的方法从所有可能的脉冲反应中抽取那些满足经济含义的样本作为识别出的结构性冲击反应。具体方法是，计算结构性冲击 v_j 对 Y_i 的脉冲反应函数：

$$\frac{\partial Y_{i,t+h}}{\partial v_{j,t}} = \frac{\partial Y_{i,t+h}}{\partial u_t} \times [A\tilde{Q}]_{(.,j)} \quad (6.6)$$

这样，可以通过对特定的脉冲反应函数施加符号约束来帮助我们抽取合理的 $\tilde{Q}$。

本章运用该方法检验紧缩性货币政策环境下商业银行融资规模和影子银行融资规模的变动情况。施加的符号约束如下：紧缩性货币政策环境下，国内利率水平不下降，国内货币供应量、通货膨胀率和产出水平不上升,并将最大约束期数设为 2 期①。而对我们关心的商业银行和影子银行的融资规模,不做任何约束。

二 变量选取与数据说明

为尽可能增加观测样本,本章选取以下变量的月度时间序列:产出水平、通货膨胀率、货币供应量、利率水平、商业银行融资规模以及影子银行融资规模。样本区间为 2002 年 1 月至 2015 年 6 月。其中,产出水平采用国内生产总值,并利用 Chow 和 Lin (1971) 的方法,借助宏观经济景气指数将季度 GDP 转换为月度数据;通货膨胀率采用 CPI 同比增长率;货币供应量采用广义货币供应量 M2;利率水平采用银行间同业拆借 7 天加权平均利率 CHIBOR;商业银行融资规模采用人民币贷款;影子银行融资规模采用信托贷款、委托贷款与未贴现银行承兑汇票三者之和。数据来源为国家统计局和中国人民银行。相关名义变量通过 CPI 定基指数转换为实际值,除利率外所有变量通过 X-13 方法进行季节调整,GDP 和 M2 取对数后通过 HP 滤波剔除长期趋势,商业银行和影子银行融资规模通过比 GDP 进行标准化。

三 实证结果

本章根据 Schwarz 信息准则和 Hannan-Quinn 信息准则设定模型为一阶滞后,然后通过总共 61220 次随机抽取,抽出了 2000 条满足符号约束的脉冲反应。以样本中位数作为相关变量的脉冲反应,并设定 16% 和 84% 分位数表示置信区间,结果如图 6.1 所示。

基于符号约束的 SVAR 模型实现了对紧缩性货币政策环境的一致性识别,并有效解决了"价格之谜"②。一方面,货币供应量的变

---

① Uhlig (2005) 选取的约束期数为 5 期,谨慎起见,本章放松了这一假设。
② 稳健起见,本章也基于 Christiano 等 (1999) 的递归假设给出了传统方法下的实证结果,详见附录 A 中的图 A.5。结果显示,紧缩性货币政策冲击下通货膨胀的确出现了上升,即"价格之谜"。值得说明的是,尽管对货币政策冲击的识别不够准确,但传统方法下的实证结果同样表明,商业银行融资规模的变动是顺周期的,影子银行融资规模的变动是逆周期的。

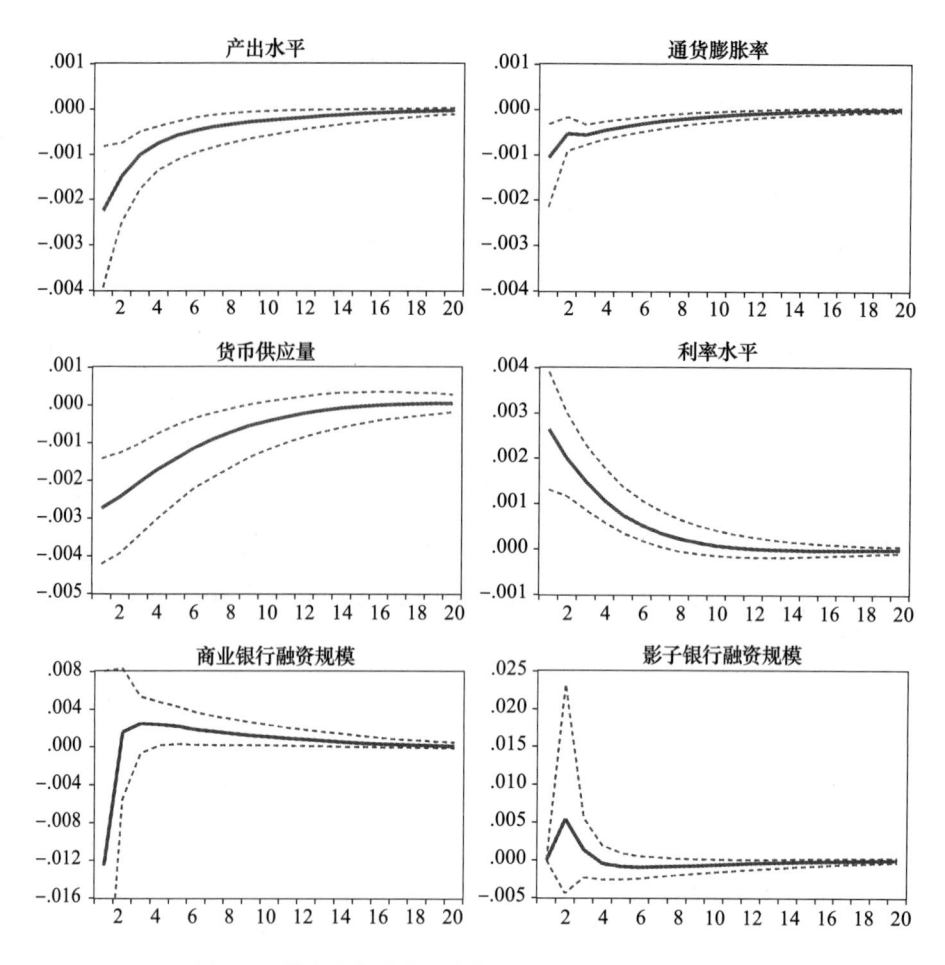

图6.1 紧缩性货币政策冲击下的SVAR模型脉冲反应

资料来源：笔者自制。

动方向为负，利率水平的变动方向为正，从而保证了紧缩性货币政策环境的一致有效。另一方面，通货膨胀率的变动方向为负，从而解决了传统估计方法产生的价格水平不合理变动的问题，提高了估计的有效性。

在此基础上，实证结果表明，商业银行融资规模的变动是顺周期的，影子银行融资规模的变动是逆周期的。脉冲反应显示，商业银行融资规模的变动方向为负，与产出水平的变动一致。而影子银行融资规模的变动方向为正,这为中国影子银行的逆周期特征提供了实证证据。从脉冲反应的形态上看,商业银行融资规模对货币政策冲击的反应较为迅速,而影子银行融资规模的反应呈驼峰状。

本章接下来通过构建一个 DSGE 理论模型,对上述实证证据进行解释。

第三节 理论模型

考虑一个由家庭、商业银行、影子银行、生产商、零售商和中央银行构成的经济系统。家庭进行消费和储蓄,并向生产商提供劳动。商业银行从家庭吸收存款,并向生产商提供融资,其中一部分以传统贷款的形式直接提供给生产商,另一部分通过影子银行转移至表外间接提供给生产商。代表性的生产商利用资本和劳动生产中间产品,其融资渠道既可以是商业银行也可以是影子银行。垄断竞争的零售商向生产商购买中间产品,经差异化处理后打包成最终产品卖给消费者。中央银行通过货币政策对经济进行调节。

一 家庭

家庭的效用函数建立在消费 $C_{h,t}$ 和劳动 N_t 的基础上,其目标函数为:

$$\max E_0 \sum_{t=0}^{\infty} \beta_h^t \Big(\log(C_{h,t} - \eta C_{h,t-1}) - \kappa \frac{N_t^{1+\varphi}}{1+\varphi} \Big) \quad (6.7)$$

其中,β_h 为家庭的贴现因子,η 衡量消费习惯,κ 为劳动供给偏好系数,φ 为劳动供给弹性的倒数。

家庭的预算约束为:

$$C_{h,t} + D_t = w_t N_t + R_{t-1} D_{t-1}/\pi_t + DIV_t \quad (6.8)$$

其中,D_t 为储蓄,w_t 为实际工资,R_t 为利率水平,$\pi_t \equiv P_t/P_{t-1}$ 表

示通货膨胀率，DIV_t 为垄断利润①。

家庭在预算约束（6.8）下，最大化其目标函数（6.7），最优性条件为：

$$u_{h,t} = \frac{1}{C_{h,t} - \eta C_{h,t-1}} - E_t \frac{\beta_h \eta}{C_{h,t+1} - \eta C_{h,t}} \quad (6.9)$$

$$m_{h,t} E_t \left(\frac{R_t}{\pi_{t+1}} \right) = 1 \quad (6.10)$$

$$w_t = \frac{\kappa N_t^\varphi}{u_{h,t}} \quad (6.11)$$

式（6.9）为家庭消费的决策方程，$u_{h,t}$ 表示影子价格。式（6.10）为家庭储蓄的欧拉方程，$m_{h,t} \equiv \beta_h E_t(u_{h,t+1}/u_{h,t})$ 表示随机贴现因子。式（6.11）为家庭的劳动供给方程。

二　商业银行

商业银行的目标函数②为：

$$\max E_0 \sum_{t=0}^{\infty} \beta_b^t \log(C_{b,t} - \eta C_{b,t-1}) \quad (6.12)$$

其中，$C_{b,t}$ 为商业银行家的消费，β_b 为其贴现因子，且满足 $\beta_b < \beta_h$。

商业银行的预算约束为③：

$$C_{b,t} + R_{t-1} D_{t-1}/\pi_t + L_{b,t} + S_t = D_t + R_{e,t} L_{b,t-1}/\pi_t + R_{s,t} S_{t-1}/\pi_t \quad (6.13)$$

其中，$L_{b,t}$ 为直接向生产商提供的贷款，即商业银行融资规模，其回报率为 $R_{e,t}$。S_t 为转移至影子银行部门的资金，商业银行由此将

---

① 采取通行假设，经济中产生的垄断利润归家庭所有。

② 商业银行家的目标是最大化其消费，这与利润最大化是等价的。本章对影子银行和生产商的设定也保持一致。

③ 基于影子银行的可得数据（信托贷款、委托贷款与未贴现银行承兑汇票），本章从商业银行的资产端对其与影子银行的关系进行刻画。附录 E 对模型的一般性进行了说明，该模型及其相应扩展同样适用于商业银行的负债端（如银行理财产品）。

资金由表内转至表外，其回报率为 $R_{s,t}$。

商业银行在预算约束之外，由于受到金融监管，还面临着额外的信贷约束。第一类信贷约束以资本充足率为代表，商业银行需要满足：

$$L_{b,t} + S_t - D_t \geq (1 - \gamma_b)[L_{b,t} + (1 - \xi)S_t] \quad (6.14)$$

其中，不等号左边表示商业银行的资本金，右边的中括号部分表示银行资产，资本充足率的约束意味着银行资本金必须超出其资产的一个比例 $(1 - \gamma_b)$。此外，近年来监管层开始逐步对影子银行的发展进行规范[①]，本章在信贷约束中引入参数 ξ 来衡量监管程度。

该类型的信贷约束与 Kiyotaki 和 Moore（1997）基于抵押品的信贷约束在本质上是一致的，通过变形可以得到：

$$D_t \leq \gamma_b L_{b,t} + [1 - (1 - \gamma_b)(1 - \xi)]S_t \quad (6.15)$$

可以理解为商业银行的负债需要以其资产作为抵押。可以看到，表内资产的抵押比例为 γ_b，而表外资产的抵押比例受到 ξ 的影响。从这个角度，ξ 的大小可以用于衡量监管层对影子银行直接监管的松紧程度，取值越小意味着监管越紧。

商业银行所面临的第二类信贷约束以存贷比为代表，具有如下的形式：

$$L_{b,t} \leq \chi_t D_t \quad (6.16)$$

该约束只针对商业银行的表内资金 $L_{b,t}$，而通过影子银行渠道转至表外的资金 S_t 则不受这一约束的限制。根据 Hachem 和 Song（2015）、Chen 等（2016），尽管中国从 1995 年便设定了 75% 的存贷比上限，但中国人民银行对商业银行存贷比指标的监管程度 χ_t 是随时间变动的，并且直接体现其货币政策意图。这里设 χ_t 满足如下的

[①] 包括《关于规范商业银行理财业务投资运作有关问题的通知》（银监发〔2013〕8 号）、《关于加强影子银行监管有关问题的通知》（国办发〔2013〕107 号）、《关于信托公司风险监管的指导意见》（银监发〔2014〕99 号）和《关于规范金融机构同业业务的通知》（银发〔2014〕127 号）等。

AR（1）过程：

$$\log\left(\frac{\chi_t}{\chi}\right) = \rho_\chi \log\left(\frac{\chi_{t-1}}{\chi}\right) - \varepsilon_{\chi,t} \quad (6.17)$$

其中，$\varepsilon_{\chi,t} = \sigma_\chi \varepsilon_{R,t}$，$\varepsilon_{R,t}$ 表示货币政策冲击，σ_χ 为相关系数。

商业银行在预算约束（6.13）、信贷约束（6.14）和（6.16）下，最大化其目标函数（6.12），最优性条件为：

$$u_{b,t} = \frac{1}{C_{b,t} - \eta C_{b,t-1}} - E_t \frac{\beta_b \eta}{C_{b,t+1} - \eta C_{b,t}} \quad (6.18)$$

$$1 - \lambda_{b,t} + \chi_t \lambda_{r,t} = m_{b,t} E_t\left(\frac{R_t}{\pi_{t+1}}\right) \quad (6.19)$$

$$1 - \gamma_b \lambda_{b,t} + \lambda_{r,t} = m_{b,t} E_t\left(\frac{R_{e,t+1}}{\pi_{t+1}}\right) \quad (6.20)$$

$$1 - [1 - (1 - \gamma_b)(1 - \xi)]\lambda_{b,t} = m_{b,t} E_t\left(\frac{R_{s,t+1}}{\pi_{t+1}}\right) \quad (6.21)$$

式（6.18）为消费的决策方程，$u_{b,t}$ 表示影子价格。式（6.19）为向家庭吸收储蓄的欧拉方程，$\lambda_{b,t}$ 和 $\lambda_{r,t}$ 分别为对应两个信贷约束的拉格朗日乘子，$m_{b,t} \equiv \beta_b E_t(u_{b,t+1}/u_{b,t})$ 表示随机贴现因子。式（6.20）和式（6.21）分别为商业银行在两种融资渠道上的欧拉方程。

三 影子银行

影子银行的目标函数为：

$$\max E_0 \sum_{t=0}^{\infty} \beta_s^t \log(C_{s,t} - \eta C_{s,t-1}) \quad (6.22)$$

其中，$C_{s,t}$ 为影子银行家的消费，β_s 为其贴现因子，且满足 $\beta_s < \beta_b$。

影子银行的预算约束和信贷约束分别为：

$$C_{s,t} + R_{s,t} S_{t-1}/\pi_t + L_{s,t} = S_t + R_{e,t} L_{s,t-1}/\pi_t \quad (6.23)$$

$$L_{s,t} - S_t \geq (1 - \gamma_s) L_{s,t} \quad (6.24)$$

其中，$L_{s,t}$ 为影子银行向生产商提供的贷款，即影子银行融资规模,根据无套利条件,其回报率也为 $R_{e,t}$。γ_s 为影子银行的抵押比例。

从而影子银行的最优性条件为:

$$u_{s,t} = \frac{1}{C_{s,t} - \eta C_{s,t-1}} - E_t \frac{\beta_s \eta}{C_{s,t+1} - \eta C_{s,t}} \quad (6.25)$$

$$1 - \lambda_{s,t} = m_{s,t} E_t \left(\frac{R_{s,t+1}}{\pi_{t+1}} \right) \quad (6.26)$$

$$1 - \gamma_s \lambda_{s,t} = m_{s,t} E_t \left(\frac{R_{e,t+1}}{\pi_{t+1}} \right) \quad (6.27)$$

式(6.25)为消费的决策方程,$u_{s,t}$ 表示影子价格。式(6.26)和式(6.27)分别为影子银行从商业银行承接资金和向生产商提供融资的欧拉方程,$\lambda_{s,t}$ 为对应信贷约束的拉格朗日乘子,$m_{s,t} \equiv \beta_s E_t(u_{s,t+1}/u_{s,t})$ 表示随机贴现因子。

四 生产商

生产商的目标函数为:

$$\max E_0 \sum_{t=0}^{\infty} \beta_e^t \log(C_{e,t} - \eta C_{e,t-1}) \quad (6.28)$$

其中,$C_{e,t}$ 为企业家的消费,β_e 为其贴现因子,且满足 $\beta_e < \beta_b$。生产商的预算约束为:

$$C_{e,t} + R_{e,t} L_{e,t-1}/\pi_t + w_t N_t + I_t = \frac{Y_t}{X_t} + L_{e,t} \quad (6.29)$$

其中,$L_{e,t}$ 为生产商的融资总额,I_t 为投资,$X_t \equiv P_t/P_t^w$,P_t^w 表示生产商向零售商出售中间产品的批发价格。

生产函数和资本积累方程分别为:

$$Y_t = A K_{t-1}^{\alpha} N_t^{1-\alpha} \quad (6.30)$$

$$K_t = (1-\delta) K_{t-1} + \left[1 - \frac{\Omega}{2} \left(\frac{I_t}{I_{t-1}} - 1 \right)^2 \right] I_t \quad (6.31)$$

其中,A 为技术参数,α 为资本产出弹性,δ 为资本折旧率,Ω 为调整成本系数。

生产商的最优性条件为：

$$u_{e,t} = \frac{1}{C_{e,t} - \eta C_{e,t-1}} - E_t \frac{\beta_e \eta}{C_{e,t+1} - \eta C_{e,t}} \quad (6.32)$$

$$m_{e,t} E_t \left(\frac{R_{e,t+1}}{\pi_{t+1}} \right) = 1 \quad (6.33)$$

$$q_t = m_{e,t} E_t \left[\frac{\alpha Y_{t+1}}{X_{t+1} K_t} + (1-\delta) q_{t+1} \right] \quad (6.34)$$

$$1 = q_t \left[1 - \frac{\Omega}{2} \left(\frac{I_t}{I_{t-1}} - 1 \right)^2 - \Omega \left(\frac{I_t}{I_{t-1}} - 1 \right) \frac{I_t}{I_{t-1}} \right] +$$
$$\Omega m_{e,t} E_t \left[q_{t+1} \left(\frac{I_{t+1}}{I_t} - 1 \right) \left(\frac{I_{t+1}}{I_t} \right)^2 \right] \quad (6.35)$$

$$w_t = \frac{(1-\alpha) Y_t}{X_t N_t} \quad (6.36)$$

式（6.32）为消费的决策方程，$u_{e,t}$ 表示影子价格。式（6.33）为债务融资的欧拉方程，$m_{e,t} \equiv \beta_e E_t(u_{e,t+1}/u_{e,t})$ 表示随机贴现因子。式（6.34）和式（6.35）分别为资本和投资的欧拉方程，q_t 表示资本的相对价格。式（6.36）为生产商的劳动需求方程。

五 零售商

借鉴 Bernanke 等（1999），本章通过零售商引入价格粘性。假设存在 $z \in [0,1]$ 的垄断竞争的零售商，它们在完全竞争的市场上以 P_t^w 的价格向生产商购买中间产品 Y_t，对其进行差异化处理后打包成最终品：

$$Y_t^f = \left[\int_0^1 Y_t(z)^{\frac{\sigma-1}{\sigma}} dz \right]^{\frac{\sigma}{\sigma-1}} \quad (6.37)$$

相应的价格指数为：

$$P_t \equiv \left[\int_0^1 P_t(z)^{1-\sigma} dz \right]^{\frac{1}{1-\sigma}} \quad (6.38)$$

其中，σ 为差异化产品 $Y_t(z)$ 间的替代弹性。

假设零售商以 Calvo 的方式调整其价格 $P_t(z)$，每期调整价格的

概率为 $(1-\theta)$，则其最优化问题为：

$$\max E_t \sum_{k=0}^{\infty} \theta^k \Lambda_{t,t+k} \left[\frac{P_t(z)}{P_{t+k}} - MC_{t+k} \right] Y_{t+k}(z) \qquad (6.39)$$

受约束于其需求曲线

$$Y_t(z) = \left[\frac{P_t(z)}{P_t} \right]^{-\sigma} Y_t^f \qquad (6.40)$$

其中，$\Lambda_{t,t+k} \equiv \beta_h^k E_t(u_{h,t+k}/u_{h,t})$ 表示随机贴现因子，$MC_t = 1/X_t$ 表示边际成本。

最优定价 $P_t^*(z)$ 满足：

$$P_t^*(z) = \left(\frac{\sigma}{\sigma-1} \right) \frac{E_t \sum_{k=0}^{\infty} \theta^k \beta_h^k u_{h,t+k} MC_{t+k} Y_{t+k} (P_{t+k})^{\sigma}}{E_t \sum_{k=0}^{\infty} \theta^k \beta_h^k u_{h,t+k} Y_{t+k} (P_{t+k})^{\sigma-1}} \qquad (6.41)$$

从而价格变动满足：

$$P_t^{1-\sigma} = (1-\theta)(P_t^*)^{1-\sigma} + \theta P_{t-1}^{1-\sigma} \qquad (6.42)$$

结合式（6.41）和式（6.42）并进行对数线性化，可以得到菲利普斯曲线：

$$\hat{\pi}_t = \beta_h E_t \hat{\pi}_{t+1} - \frac{(1-\theta)(1-\beta_h\theta)}{\theta} \hat{X}_t \qquad (6.43)$$

六　中央银行

中央银行对商业银行进行监管，并通过货币政策对经济进行调节。假设中央银行的货币政策调控遵循如下规则：

$$\log\left(\frac{R_t}{R} \right) = \rho_R \log\left(\frac{R_{t-1}}{R} \right) + (1-\rho_R)\left[\varphi_\pi \log\left(\frac{\pi_t}{\pi} \right) + \varphi_Y \log\left(\frac{Y_t}{Y} \right) \right] + \varepsilon_{R,t}$$

(6.44)

其中，ρ_R 为利率平滑参数，φ_π 和 φ_Y 分别为对通胀和产出的反应参数，$\varepsilon_{R,t}$ 为货币政策冲击。

七　宏观均衡

笔者将宏观均衡定义为：

(Ⅰ) 经济资源的配置 $\{C_{h,t}, C_{b,t}, C_{s,t}, C_{e,t}, I_t, Y_t, Y_t^f, K_t, N_t, D_t, L_{b,t}, S_t, L_{s,t}, L_{e,t}\}_{t=0}^{\infty}$ 以及 $\{\pi_t, X_t, q_t, w_t, R_t, R_{e,t}, R_{s,t}, \mu_{h,t}, \mu_{b,t}, \mu_{s,t}, \mu_{e,t}, m_{h,t}, m_{b,t}, m_{s,t}, m_{e,t}, \lambda_{b,t}, \lambda_{r,t}, \lambda_{s,t}\}_{t=0}^{\infty}$ 满足上面所有的最优性条件。

(Ⅱ) 经济中所有市场同时出清，其中，产品市场和信贷市场满足以下的市场出清条件：

$$Y_t = C_{h,t} + C_{b,t} + C_{s,t} + C_{e,t} + \left[1 - \frac{\Omega}{2}\left(\frac{I_t}{I_{t-1}} - 1\right)^2\right] I_t \quad (6.45)$$

$$L_{e,t} = L_{b,t} + L_{s,t} \quad (6.46)$$

笔者将该动态系统在其稳态①附近对数线性化，得到本章的主模型：

(1) 产品市场

$$\hat{Y}_t = C_h \hat{C}_{h,t} + C_b \hat{C}_{b,t} + C_s \hat{C}_{s,t} + C_e \hat{C}_{e,t} + I \hat{I}_t \quad (6.47)$$

$$\hat{Y}_t = \alpha \hat{K}_{t-1} + (1-\alpha) \hat{N}_t \quad (6.48)$$

$$\hat{\pi}_t = \beta_h \hat{\pi}_{t+1} - \frac{(1-\theta)(1-\beta_h \theta)}{\theta} \hat{X}_t \quad (6.49)$$

$$(1-\beta_h \eta)(1-\eta) \hat{\mu}_{h,t} = -(1+\beta_h \eta^2) \hat{C}_{h,t} + \eta \hat{C}_{h,t-1} + \beta_h \eta \hat{C}_{h,t+1} \quad (6.50)$$

$$(1-\beta_b \eta)(1-\eta) \hat{\mu}_{b,t} = -(1+\beta_b \eta^2) \hat{C}_{b,t} + \eta \hat{C}_{b,t-1} + \beta_b \eta \hat{C}_{b,t+1} \quad (6.51)$$

$$(1-\beta_s \eta)(1-\eta) \hat{\mu}_{s,t} = -(1+\beta_s \eta^2) \hat{C}_{s,t} + \eta \hat{C}_{s,t-1} + \beta_s \eta \hat{C}_{s,t+1} \quad (6.52)$$

$$(1-\beta_e \eta)(1-\eta) \hat{\mu}_{e,t} = -(1+\beta_e \eta^2) \hat{C}_{e,t} + \eta \hat{C}_{e,t-1} + \beta_e \eta \hat{C}_{e,t+1} \quad (6.53)$$

---

① 对模型稳态的计算详见附录 E。

(2) 劳动力市场

$$\hat{w}_t + \hat{\mu}_{h,t} = \varphi \hat{N}_t \quad (6.54)$$

$$\hat{w}_t = \hat{Y}_t - \hat{X}_t - \hat{N}_t \quad (6.55)$$

(3) 信贷市场

$$L_e \hat{L}_{e,t} = L_b \hat{L}_{b,t} + L_s \hat{L}_{s,t} \quad (6.56)$$

$$\hat{\mu}_{h,t} + \hat{R}_t - \hat{\pi}_{t+1} = 0 \quad (6.57)$$

$$\hat{m}_{h,t} = \hat{\mu}_{h,t+1} - \hat{\mu}_{h,t} \quad (6.58)$$

$$\frac{-\lambda_b \hat{\lambda}_{b,t} + \chi \lambda_r (\hat{\chi}_t + \hat{\lambda}_{r,t})}{1 - \lambda_b + \chi \lambda_r} = \hat{m}_{b,t} + \hat{R}_t - \hat{\pi}_{t+1} \quad (6.59)$$

$$\hat{m}_{b,t} = \hat{\mu}_{b,t+1} - \hat{\mu}_{b,t} \quad (6.60)$$

$$\frac{-\gamma_b \lambda_b \hat{\lambda}_{b,t} + \lambda_r \hat{\lambda}_{r,t}}{1 - \gamma_b \lambda_b + \lambda_r} = \hat{m}_{b,t} + \hat{R}_{e,t+1} - \hat{\pi}_{t+1} \quad (6.61)$$

$$\frac{-[1 - (1 - \gamma_b)(1 - \xi)]\lambda_b \hat{\lambda}_{b,t}}{1 - [1 - (1 - \gamma_b)(1 - \xi)]\lambda_b} = \hat{m}_{b,t} + \hat{R}_{s,t+1} - \hat{\pi}_{t+1} \quad (6.62)$$

$$D\hat{D}_t = \gamma_b L_b \hat{L}_{b,t} + [1 - (1 - \gamma_b)(1 - \xi)]S\hat{S}_t \quad (6.63)$$

$$\hat{L}_{b,t} = \hat{\chi}_t + \hat{D}_t \quad (6.64)$$

$$\frac{-\lambda_s \hat{\lambda}_{s,t}}{1 - \lambda_s} = \hat{m}_{s,t} + \hat{R}_{s,t+1} - \hat{\pi}_{t+1} \quad (6.65)$$

$$\hat{m}_{s,t} = \hat{\mu}_{s,t+1} - \hat{\mu}_{s,t} \quad (6.66)$$

$$\frac{-\gamma_s \lambda_s \hat{\lambda}_{s,t}}{1 - \gamma_s \lambda_s} = \hat{m}_{s,t} + \hat{R}_{e,t+1} - \hat{\pi}_{t+1} \quad (6.67)$$

$$\hat{S}_t = \hat{L}_{s,t} \quad (6.68)$$

$$\hat{m}_{e,t} + \hat{R}_{e,t+1} - \hat{\pi}_{t+1} = 0 \quad (6.69)$$

$$\hat{m}_{e,t} = \hat{\mu}_{e,t+1} - \hat{\mu}_{e,t} \quad (6.70)$$

（4）动态积累过程

$$\hat{K}_t = (1-\delta)\hat{K}_{t-1} + \delta\hat{I}_t \qquad (6.71)$$

$$\hat{q}_t = \hat{m}_{e,t} + \frac{\frac{\alpha}{XK}(\hat{Y}_{t+1} - \hat{X}_{t+1} - \hat{K}_t) + (1-\delta)\hat{q}_{t+1}}{\frac{\alpha}{XK} + (1-\delta)} \qquad (6.72)$$

$$\hat{q}_t = \Omega(\hat{I}_t - \hat{I}_{t-1}) - m_e\Omega(\hat{I}_{t+1} - \hat{I}_t) \qquad (6.73)$$

$$C_b\hat{C}_{b,t} + RD(\hat{R}_{t-1} + \hat{D}_{t-1} - \hat{\pi}_t) + L_b\hat{L}_{b,t} + S\hat{S}_t =$$
$$D\hat{D}_t + R_eL_b(\hat{R}_{e,t} + \hat{L}_{b,t-1} - \hat{\pi}_t) + R_sS(\hat{R}_{s,t} + \hat{S}_{t-1} - \hat{\pi}_t) \qquad (6.74)$$

$$C_s\hat{C}_{s,t} + R_sS(\hat{R}_{s,t-1} + \hat{S}_{t-1} - \hat{\pi}_t) + L_s\hat{L}_{s,t} =$$
$$S\hat{S}_t + R_eL_s(\hat{R}_{e,t} + \hat{L}_{s,t-1} - \hat{\pi}_t) \qquad (6.75)$$

$$C_e\hat{C}_{e,t} + wN(\hat{w}_t + \hat{N}_t) + R_eL_e(\hat{R}_{e,t} + \hat{L}_{e,t-1} - \hat{\pi}_t) = \frac{\hat{Y}_t - \hat{X}_t}{X} \qquad (6.76)$$

（5）货币政策与冲击过程

$$\hat{R}_t = \rho_R\hat{R}_{t-1} + (1-\rho_R)(\varphi_\pi\hat{\pi}_t + \varphi_Y\hat{Y}_t) + \varepsilon_{R,t} \qquad (6.77)$$

$$\hat{\chi}_t = \rho_\chi\hat{\chi}_{t-1} + \sigma_\chi\varepsilon_{R,t} \qquad (6.78)$$

第四节 数值模拟

一 参数校准

模型中大部分参数常见于金融加速器理论的相关文献，本章以此为依据对其进行赋值，主要参考的文献为 Gertler 和 Karadi（2011）以及康立和龚六堂（2014）。对于模型中有关信贷约束的个别参数，本章依据 Chen 等（2016）的实证研究进行了校准和设定。参数的取值情况在表 6.1 中进行了总结。

表6.1 参数取值情况

参数	描述	取值	参数	描述	取值
β_h	家庭贴现因子	0.99	γ_s	影子银行抵押比例	0.1
η	消费习惯参数	0.3	β_e	生产商贴现因子	0.95
κ	劳动供给偏好参数	3.409	α	资本产出弹性	0.4
φ	劳动供给弹性的倒数	0.276	δ	资本折旧率	0.025
β_b	商业银行贴现因子	0.97	Ω	调整成本系数	2.452
γ_b	商业银行抵押比例	0.1	θ	价格调整概率	0.779
ξ	金融摩擦参数	0.025	X	价格加成率	1.316
χ	存贷比稳态值	0.7	ρ_R	利率平滑参数	0.65
ρ_χ	存贷比平滑系数	0.9	ϕ_π	货币政策通胀反应参数	1.5
σ_χ	存贷比相关系数	0.9	ϕ_Y	货币政策产出反应参数	0.125
β_s	影子银行贴现因子	0.95			

资料来源：笔者自制。

二 脉冲反应

本章考察一个单位紧缩性货币政策冲击下，经济中产出水平、通货膨胀率、商业银行和影子银行融资规模的变动情况，结果如图6.2所示。产出水平和通货膨胀率的变动方向为负，商业银行融资规模的变动是顺周期的，影子银行融资规模的变动是逆周期的。通过与图6.1进行比对可以看出，模型产生的脉冲反应能够较好地体现SVAR的实证特征。从而，信贷约束机制可以有效地解释中国影子银行的逆周期特征。在紧缩性货币政策环境下，中央银行加强对商业银行存贷比指标的监管[①]，促使商业银行将资金转至表外，借由影子银行绕开金融监管，实现监管套利。Chen等（2016）指出，商业银行大力扩张影子银行业务具有"一石二鸟"的效果，除了可以有效规避存贷比监管，还可以突破国家对特定产业的信

[①] 例如，2010年银监会创立了CARPALS监管指标体系，并建议中央银行对商业银行存贷比指标的考核由每年年末改为年中（每季度）。

贷限制。正是这种信贷约束的存在，使得中国的影子银行成为商业银行规避监管的手段和渠道，在货币政策紧缩环境下逆周期生长。

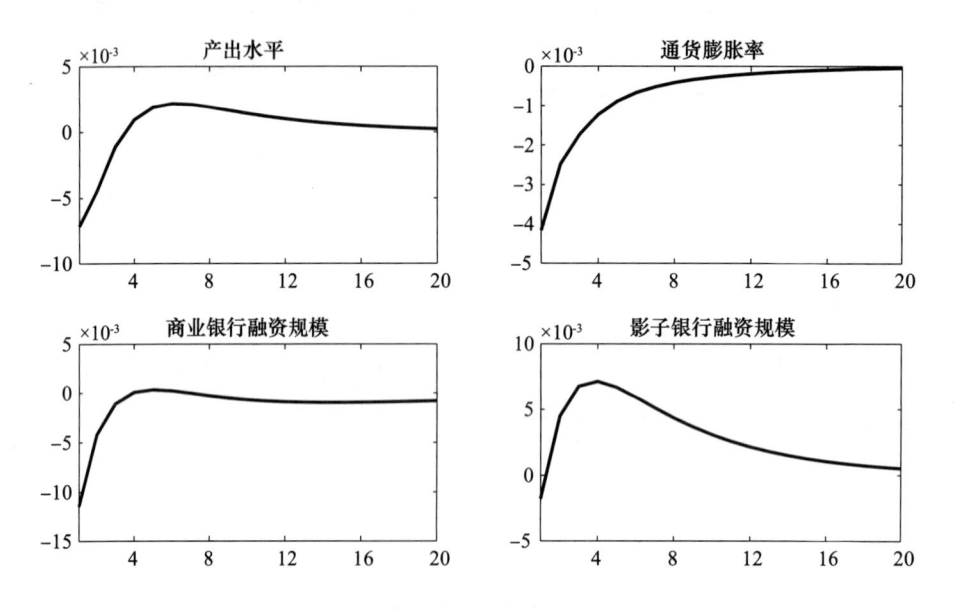

图6.2　紧缩性货币政策冲击下的DSGE模型脉冲反应

资料来源：笔者自制。

在此基础上，可以通过模型进行反事实模拟，评估影子银行对货币政策传导的影响。这里假设经济中还没有出现影子银行，然后考察在同样的货币政策冲击下，经济的表现会有何不同。图6.3对这两种情况下货币政策的效果进行了对比，其中，虚线表示没有影子银行的情形，实线表示现实情形。结果显示，首先，影子银行的出现为商业银行通过转移资金实现监管套利提供了可能，这导致紧缩性货币政策冲击下商业银行融资规模的显著下降。其次，从产出水平的变动来看，影子银行的出现却极为有效地缓和了紧缩性货币政策对产出的不利影响。由上面的分析可知，商业银行的资金转移导致了影子银行的逆周期扩张。从结果来看，商业银行的这种资金转移行为对产出起到了"缓冲垫"的作用，减弱了紧缩性货币政策冲击导致的产出下降，并促进了冲击之后产出水平的恢复。而与此同时，从通货膨胀率的变动来看，影子银行对产出下降的"缓冲垫"作用并未影响紧缩性货币政策抑制通胀的效果。相反，通货膨胀率出现了更加显著的下降。从而，影子银行在客观上增强了紧缩性货币政策的有效性：在达到抑制通货膨胀的政策效果的同时，避免了产出水平的大幅降低。这意味着，影子银行的存在对于中国经济实现"软着陆"客观上发挥了积极的作用。

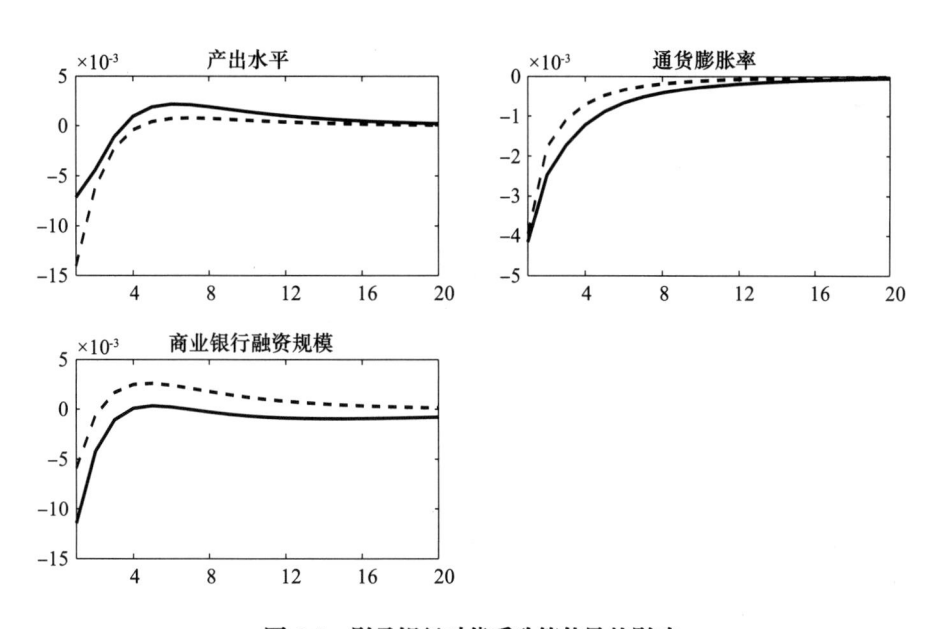

图6.3 影子银行对货币政策传导的影响

资料来源：笔者自制。

进一步地，本章考察对影子银行的监管程度如何影响货币政策的传导。这里在商业银行的信贷约束中对 ξ 依次取值 0、0.025 和 0.05，表示监管程度依次降低。不同参数取值下的脉冲反应如图 6.4 所示。结果表明，对影子银行的监管程度越低，影子银行的逆周期性越强。2013年下发的《国务院办公厅关于加强影子银行监管有关问题的通知》指出：近年来，随着中国金融市场的改革发展，影子银行日益活跃，在满足经济社会多层次、多样化金融需求的同时，也暴露出业务不规范、管理不到位和监管套利等问题。当前，中国影子银行风险总体可控。但2008年国际金融危机表明，影子银行风险具有复杂性、隐蔽性、脆弱性、突发性和传染性，容易诱发系统性风险。要认真吸取2008年国际金融危机的深刻教训，进一步增强大局意识和忧患意识，坚持一手促进金融发展、金融创新，一手加强金融监管、防范金融风险，落实责任，加强协调，疏堵结合，趋利避害。在发挥影子银行积极作用的同时，将其负面影响和风险降到最低。随着中国对影子银行监管的不断完善和加强，影子银行的逆周期性预期会逐步受到削弱。

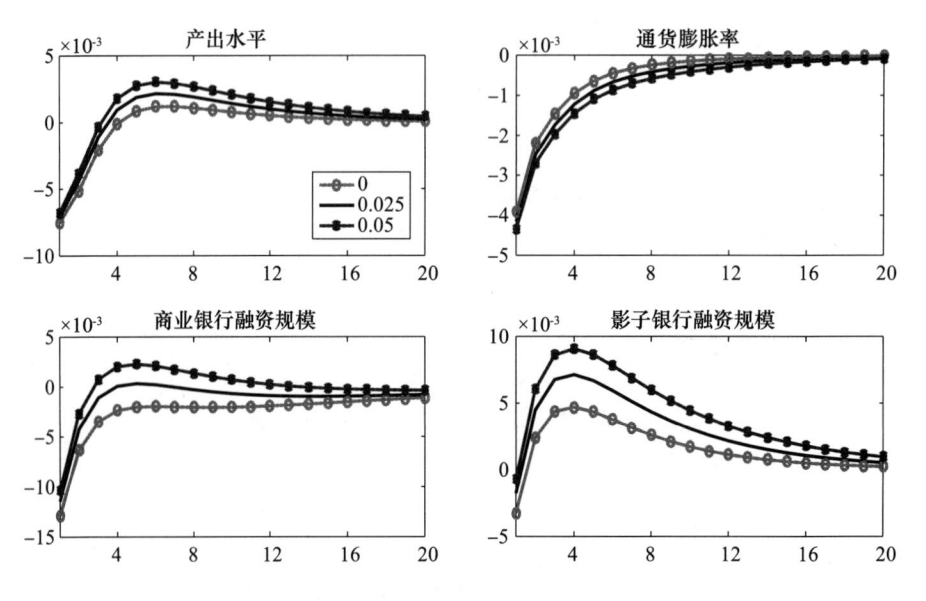

图6.4 影子银行监管程度 ξ 对货币政策传导的影响

资料来源：笔者自制。

最后需要说明的是，影子银行在紧缩性货币政策下的逆周期扩张及其对产出波动的缓冲作用，并不一定代表着确定的福利含义。对中国影子银行快速增长的一个主要担忧在于，由于缺少监管，影子银行易于积聚金融风险。从而，规范和加强对影子银行的监管仍是当务之急。

第五节　结论

近年来影子银行的迅速扩张，使中国社会融资结构发生了颠覆性的变化。与西方典型的影子银行体系不同，中国式的影子银行体系以商业银行为主导，这使其可能具备独特的经济波动特征。本章首先运用基于符号约束的 SVAR 模型对中国影子银行的波动特征进行实证检验，结果表明，不同于商业银行融资规模的顺周期变动，影子银行融资规模的变动是逆周期的。本章接着构建了一个 DSGE 模型，进一步拓展了商业银行面临的金融摩擦，通过引入商业银行的信贷约束机制，有效地解释了中国影子银行的逆周期特征。模型表明，在紧缩性货币政策环境下，中央银行加强对商业银行存贷比指标的监管，促使商业银行将资金转至表外，借由影子银行绕开金融监管，实现监管套利。模型产生的脉冲反应与 SVAR 的实证证据实现了较好的匹配。在此基础上的数值模拟进一步表明，对影子银行的监管程度越低，影子银行的逆周期性越强。中国的影子银行产生、壮大于紧缩性货币政策环境下，其在客观上起到了缓和产出波动、增强货币政策紧缩效果的作用，有助于经济实现"软着陆"。但应充分认识到，影子银行作为商业银行监管套利的结果，不能忽视其可能蕴含的金融风险，规范和加强对影子银行的监管具有重要意义。

本章的研究具有两点政策启示。第一，以存贷比指标为代表的金融监管，本意是为了防范金融风险，但结果却客观上导致了商业银行的监管套利行为，并可能通过影子银行积聚风险，应从中吸取经验教训①。第二，研究表明，通过提高对影子银行的监管程度，可以一定程度上削弱其逆周期性，这与近年来监管层对影子银行的一系列规范措施的政策意图是一致的。

---

① 2015年6月24日，国务院常务会议通过了《中华人民共和国商业银行法修正案（草案）》，借鉴国际经验，删除了存贷比不得超过75%的规定，将存贷比由法定监管指标转为流动性监测指标。但鉴于存贷比取消的时间还不长，且与此同时监管层出台了一系列针对影子银行的规范措施，故当前还很难识别出存贷比取消对影子银行的影响效果，这一问题留待进一步研究。

第 七 章
总　　结

第一节　主要结论

美国次贷危机的爆发及其引发的国际金融危机，催生了大量关于金融因素对经济波动影响的研究。近年来，对金融因素的关注已成为经济周期研究乃至宏观经济学研究的热点，并已形成一个重要的新兴研究领域——金融经济周期。金融经济周期研究将金融摩擦引入 DSGE 模型框架，揭示金融摩擦下经济波动的传导机制。本书将金融经济周期前沿理论对房地产市场与金融中介的关注应用于中国经济波动问题的研究，结合中国经济现实与制度特征，探讨了不同经济部门在金融摩擦作用下对中国经济波动的影响。

从金融经济周期的视角出发，本书首先关注中国的房地产市场。中国房地产市场的一个显著的特殊性在于地方政府的土地财政行为，本书在第三章将地方政府的土地财政行为纳入到一个 DSGE 模型框架中，并同时对地方政府和企业面临的金融摩擦进行了刻画，以此分析地方政府土地财政在经济波动的传导中所扮演的角色。通过对模型的贝叶斯估计，本书识别出房地产需求冲击是导致中国房地产市场波动的主要冲击。在房地产需求冲击下，模型产生的脉冲反应与来自 VAR 的实证证据可以实现较好的匹配。在此基础上，模型的数值模拟表明，地方政府土地财政行为的存在，一方面会显著地放大房地产市场的波动，另一方面会将房地产市场的波动传导到实体经济，放大消费、投资和产出波动。福利分析显示，土地财政带来了显著的社会福利损失，且地方政府对土地财政的依赖程度越强，福利损失越大。而政府通过土地供给政策的运用，可以一定程度上缓解这一过程。

除了在供给方面具有制度上的独特性，中国的房地产市场还表现出区域发展不平衡的特点，不同地区的房价水平具有显著的差异。本书在第四章进一步构建一个多区域的 DSGE 模型，以刻画不同区域内以及区域间的金融摩擦，从而将房地产价格与经济波动的研究推广到了区域层面。采用中国的宏观季度数据对模型进行贝叶斯估计，得到了以下动态特征：经济波动在房价不同的两个区域表现出显著的差异性；高房价区域表现出更加显著的对波动的放大效应；不同区域对货币政策冲击的反应程度存在差异，从而以经济规模确定货币政策规则中的区域权重未必最优；地方政府对土地财政的依赖会对区域房地产市场的波动造成显著的影响；房价波动在区域间存在溢出效应，且区域间信贷市场一体化程度越高，房价波动的溢出效应越显著。

在上述研究中，家庭部门事实上充当了金融中介的作用，但由于理论模型中并没有显性地引入金融中介部门，致使难以对其面临的金融摩擦进行研究。为此，本书进而在第五章通过构建一个包含商业银行的 DSGE 模型，同时对中国商业银行资产和负债两端的金融摩擦进行刻画，研究其对经济波动的影响。数值模拟结果表明，在商业银行的负债端，随着中央银行对商业银行监管程度的增加，商业银行信贷的波动会显著降低，进而可以有效降低产出水平的波动。而在商业银行的资产端，金融市场越发达，商业银行信贷对货币政策冲击的反应越剧烈，导致产出水平的波动越显著。随着中国利率市场化改革的深入和金融市场发展水平的不断提高，商业银行的信贷渠道更容易造成经济波动的加剧，而通过加强金融监管能够有效地平抑这一过程，进而改善社会福利水平。

进一步地，本书在第六章将上面包含金融中介的模型框架推广到对中国影子银行的研究。近年来影子银行的迅速扩张，使中国社会融资结构发生了颠覆性的变化。与西方典型的影子银行体系不同，中国式的影子银行体系以商业银行为主导，这使其可能具备独特的经济波动特征。本书首先运用基于符号约束的SVAR模型对中国影子银行的波动特征进行实证检验，结果表明，不同于商业银行融资规模的顺周期变动，影子银行融资规模的变动是逆周期的。本书接着构建了一个DSGE模型，进一步拓展了商业银行面临的金融摩擦，通过引入商业银行的信贷约束机制，有效地解释了中国影子银行的逆周期特征。模型表明，在紧缩性货币政策环境下，中央银行加强对商业银行存贷比指标的监管，促使商业银行将资金转至表外，借由影子银行绕开金融监管，实现监管套利。模型产生的脉冲反应与SVAR的实证证据实现了较好的匹配。在此基础上的数值模拟进一步表明，对影子银行的监管程度越低，影子银行的逆周期性越强。中国的影子银行产生、壮大于紧缩性货币政策环境下，其在客观上起到了缓和产出波动、增强货币政策紧缩效果的作用，有助于经济实现"软着陆"。但应充分认识到，影子银行作为商业银行监管套利的结果，不能忽视其可能蕴含的金融风险，规范和加强对影子银行的监管具有重要意义。

本书在金融经济周期的视角下研究了不同经济主体和不同金融摩擦对中国经济波动的影响。研究结果充分表明，金融摩擦在中国经济波动的传导过程中扮演着重要的角色。随着中国金融市场的快速发展以及市场化改革的不断加深，金融摩擦的上述效应愈显重要。与此同时，中国的金融市场还具有诸多自身的特点，面临的金融摩擦反映着其制度上的独特性。本书在金融经济周期研究与中国经济特征的结合上进行了初步的探索，为理解和分析现实的中国经济波动问题提供了一个新的视角。同时，本书的研究可以为政府平抑宏观经济波动、增强宏观调控效果提供一些政策启示：第一，重视地方政府在中国经济波动中的作用。一方面，如何为地方政府增加稳定的财政收入来源，减少地方政府对土地财政的依赖，应是中国现行财政体系下需要重点关注的问题。结合中国的政策现实，积极推进房地产税改革是减轻地方政府对土地财政依赖的合理选择。另一方面，土地供给政策为地方政府提供了潜在的调控工具，其核心可能在于研究制定具体的政策规则形式，并使之与地方政府的目标函数激励相容。这与国家推进供给侧结构性改革的思路是相符的。第二，认清中国区域发展不平衡的特点。宏观政策的制定也应当考虑区域层面的因素，关注区域间的异质性，合理统筹，避免"一刀切"。第三，完善对中国商业银行和影子银行的金融监管。银行信贷渠道在中国经济波动的传导中扮演着重要的角色，完善对银行体系的金融监管对于防范金融风险和平抑经济波动具有重要意义。

第二节 不足之处与进一步研究方向

由于笔者的水平有限，以及数据缺乏等客观条件，本书还存在一些不足之处。总体来说，本书的研究为理解和分析现实的中国经济波动提供了一个新的视角，但本书研究的问题本身在学术界仍存有诸多争议，现实中决定和影响这些问题的因素也往往是复杂的。下面总结了研究中存在的不足以及可进一步扩展的方向。

第一，本书没有对中国的财政体系和财政政策进行完整地考察。一方面，模型中对地方政府的刻画仅关注土地财政及其对应的生产性支出，并未考虑一般性的预算内收支和消费性支出。为了更准确地评估地方政府财政行为的经济效应，需要将税收和消费性支出的影响纳入考量，并对地方政府的目标函数进行必要的调整。另一方面，模型中没有考察中央政府财政行为的影响。分税制改革是中国土地财政存在的制度背景，建立一个分权的一般均衡模型框架，同时对中央政府和地方政府的财政行为进行分析，无论从理论上还是政策上都将有助于更加深刻地考察中国现行的财政体系。

第二，本书没有探讨中国的最优货币政策。一方面，区域异质性的存在可能会使"一刀切"的货币政策规则难以达到预期的目标，政策制定需要给不同的区域赋予不同的权重。另一方面，鉴于房地产价格对经济波动的重要影响，有必要探讨货币政策是否应该对房价进行反应。从货币政策规则的角度，本书选择了具有泰勒规则形式的货币政策。对中国货币政策规则的最新研究表明，中国的货币政策反应函数具有非线性特征（Chen 等，2016）。在 DSGE 模型中引入类似的非线性货币政策，并对货币政策冲击进行识别，是进一步研究的重要方向。

第三，本书在理论模型的构建上采取了不同程度的简化。在对房地产市场进行描述时，本书省略了房地产的生产过程，从而没有区别土地价格与房地产价格。现实中，地方政府通过向房地产开发商出让土地获得土地收益，开发商再投入土地进行房地产的生产。而在对商业银行和影子银行进行描述时，本书没有再刻意引入房地产的加速器效应。这些模型上的简化一方面是为了突出不同的研究对象和研究目的，另一方面是为了尽可能降低单个模型的复杂程度和求解难度。但是这些简化不可避免地导致模型具有一定的局限性，下一步的研究应对模型进行相应的扩展，以进一步增强模型的解释力，并丰富模型的结论。

第四，本书在 VAR 和 DSGE 模型的估计上受到了数据可得性的限制。土地财政属于预算外资金，缺少准确的数据来源。地方债的情况也类似，直到 2012 年审计部门才第一次对相关数据进行了统计和公布。对影子银行规模的估算基于社会融资规模指标，但由于很多资产处于监管的灰色地带，使得数据的全面性受到影响。而且中国的社会融资规模数据自 2011 年起才由中国人民银行正式统计并按季发布，2012 年起按月发布，并在 2012 年 9 月公布了自 2002 年以来的月度历史数据。虽然本书尽可能地扩大时间序列的样本容量，但相关数据的缺乏还是会影响研究的准确性。获取更为全面和精确的统计数据也是今后研究的重要课题。

附录

附录 A 图表

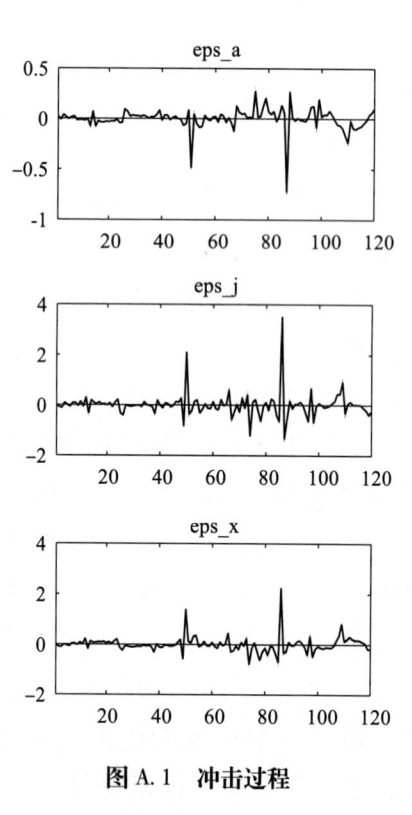

图 A.1 冲击过程

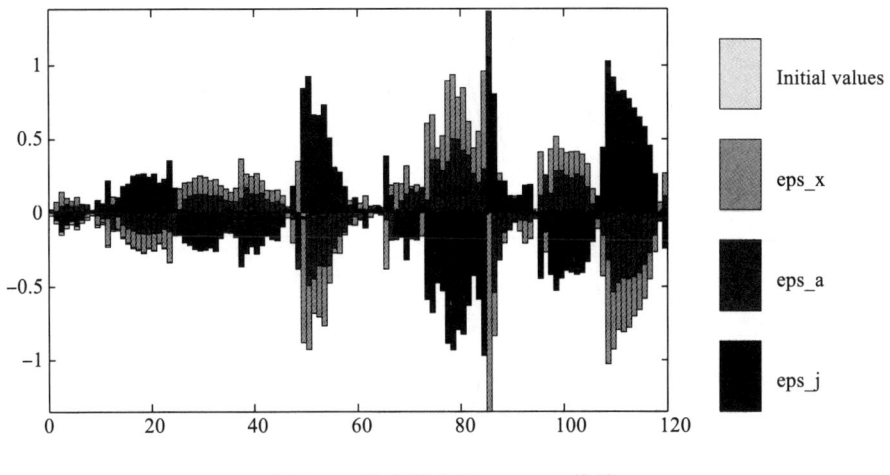

图 A.2 冲击源分解——土地价格

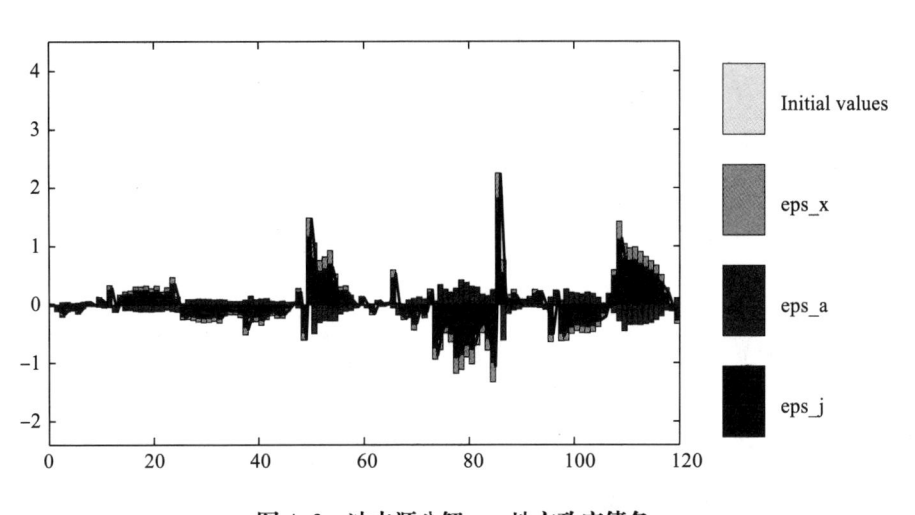

图 A.3 冲击源分解——地方政府债务

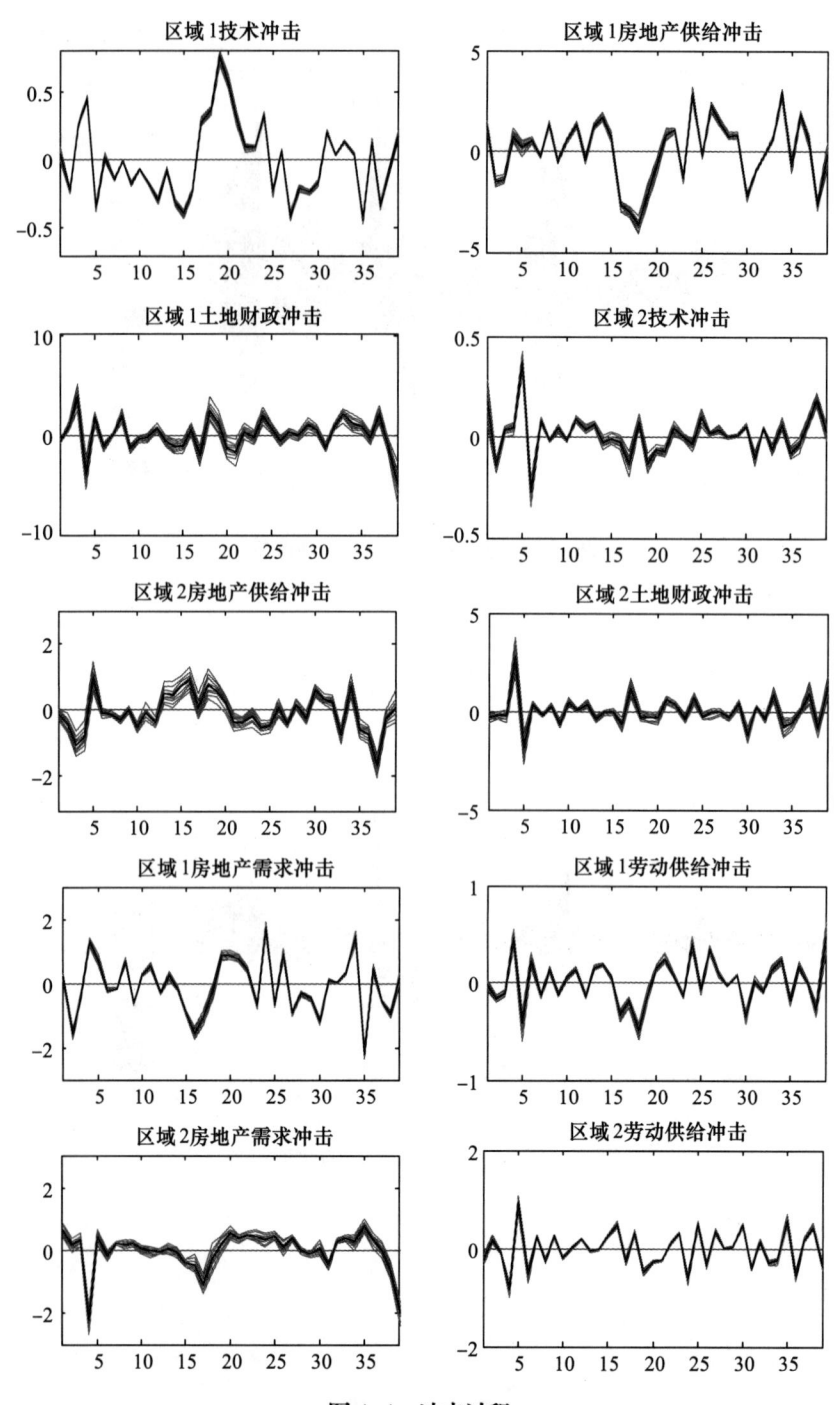

图 A.4　冲击过程

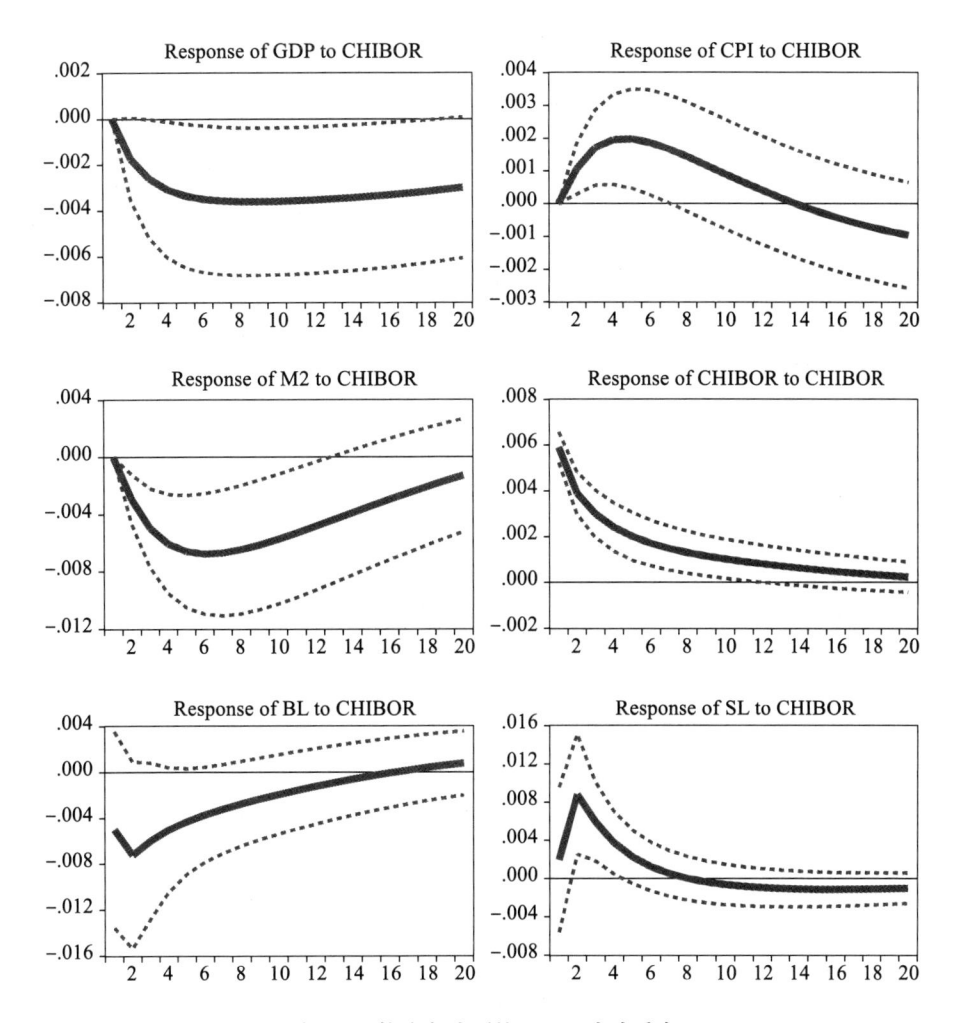

图 A.5 传统方法下的 SVAR 脉冲反应

附录 B 第三章技术附录

B.1 主模型的稳态计算

$$\Lambda_h = \beta_h$$
$$\Lambda_e = \beta_e$$
$$\Lambda_g = \beta_g$$

$$R = \frac{1}{\Lambda_h}$$

$$\lambda_e = 1 - \Lambda_e R$$

$$\lambda_g = 1 - \Lambda_g R$$

$$K = \frac{\alpha \psi_K}{\frac{1 - \mu \lambda_e}{\Lambda_e} - (1 - \delta)}$$

$$I = \delta K$$

$$\zeta_1 \equiv \frac{\Lambda_e \alpha \psi_L}{(1 + \tau) - \Lambda_e - \mu \lambda_e}$$

$$\zeta_2 \equiv \mu(\zeta_1 + K)$$

$$\zeta_3 \equiv \frac{1 - \alpha}{1 - R}$$

$$\zeta_4 \equiv \frac{1 + \frac{\tau j}{1 + \tau - \Lambda_h}}{1 - R}$$

$$\zeta_5 = \nu \tau \zeta_1$$

$$\zeta_6 = \frac{\nu \tau j}{1 + \tau - \Lambda_h}$$

$$C_h = \frac{\zeta_3 - \zeta_2 - \zeta_5}{\zeta_4 + \zeta_6}$$

$$C_e = \alpha - I - \tau \zeta_1 + (1 - R)\zeta_2$$

$$B = \zeta_2$$

$$D = \zeta_5 + \zeta_6 C_h$$

$$S = \zeta_3 - \zeta_4 C_h$$

$$q_L = \zeta_1 + \frac{j}{1 + \tau - \Lambda_h} C_h$$

$$L_e = \frac{\zeta_1}{q_L}$$

$$L_h = 1 - L_e$$

$$G = \tau q_L + (1 - R)D$$

$$N = \left(\frac{1-\alpha}{\kappa C_h}\right)^{\frac{1}{1+\varphi}}$$

$$W = \frac{1-\alpha}{N}$$

B.2 土地供给政策的扩展分析

B.2.1 家庭

在 t 时刻，家庭收入除用来消费外，其余用来增加资产 K 和房产 H，其预算约束为

$$P_N(rK + wL + X - C) = P_N\dot{K} + P_H\dot{H}$$

其中，r 和 w 分别为资产 K 和劳动 L 的回报率，C 为消费，X 为政府对消费者的转移支付，P_N 表示不包括房地产的价格水平，P_H 表示房地产土地拍卖价格。

设 $P = P_N/P_H$，则

$$\dot{K} + \frac{\dot{H}}{P} = rK + wL + X - C$$

定义 $k = K/L$ 为家庭拥有的人均资产，$h = H/PL$ 为家庭拥有的人均房地产土地，$c = C/L$ 为家庭的人均消费，$x = X/L$ 为人均政府转移支付。同时，设 $\dot{L}/L = n$，$\dot{P}/P = \pi$，则

$$\dot{k} + \dot{h} = (r-n)k + w + x - c - (n+\pi)h$$

假设家庭的效用定义在人均消费和所拥有的人均房地产土地上，即效用函数为 $u(c,h)$，且满足

$$u_c > 0, u_h > 0, u_{cc} < 0, u_{hh} < 0, u_{ch} > 0, u_{hc} > 0$$

家庭选择自己的消费路径、房地产土地积累路径和资本积累路径来最大化其贴现效用和，贴现因子为 ρ。即

$$\max_{c,h,k} \int_0^\infty u(c,h)e^{-\rho t}dt$$

其中初始条件 $k(0) = k_0$，$h(0) = h_0$ 给定。

令

$$k + h = a$$

则

$$L = u(c,h)e^{-\rho t} + \lambda[(r-n)k + w + x - c - (n+\pi)h] + \mu(k+h-a)$$

得到最优性条件

$$\lambda = u_c e^{-\rho t}$$

$$\lambda(r-n) + \mu = 0$$

$$u_h e^{-\rho t} - \lambda(\pi + n) + \mu = 0$$

$$\dot{\lambda} = \mu$$

以及横截性条件 $\lim_{t \to \infty} \lambda(k+h) = 0$。

进一步可得

$$u_h = u_c(r + \pi)$$

$$u_{cc}\dot{c} + u_{ch}\dot{h} = -u_c(r - n - \rho)$$

B.2.2 企业

假设企业的技术由二阶连续可微的、递增的、边际生产率递减的、一次齐次的生产函数来表示，即

$$Y = F(K,L)$$

则厂商的行为就是选择投入多少资本和劳动力来最大化自己的利润，即

$$\max_{K,L} F(K,L) - rK - wL$$

易得

$$r = f'(k)$$

$$w = f(k) - f'(k)k$$

其中，$f(k) = Y/L$ 表示人均产出。

B.2.3 地方政府

首先，政府是房地产土地的供应者。由 $h = H/PL$，得

$$\frac{\dot{h}}{h} = \frac{\dot{H}}{H} - \frac{\dot{P}}{P} - \frac{\dot{L}}{L}$$

令 $\theta = \dot{H}/H$，则

$$\dot{h} = (\theta - \pi - n)h$$

其次，为简单起见，假设政府将提供房地产土地所获得的收益全部转移给消费者

$$\frac{\dot{H}}{P} = X$$

那么

$$x = \frac{\dot{H}}{PL} = \frac{\dot{H}}{H} \cdot \frac{H}{PL} = \theta h$$

即

$$x = \theta h$$

B.2.4 宏观均衡

综合上面的讨论，整个经济系统的动态特征可由下面三个方程刻画

$$\dot{c} = -\frac{u_{ch}}{u_{cc}}[f'(k) + \theta - n - \frac{u_h}{u_c}]h + \frac{u_c}{u_{cc}}[\rho + n - f'(k)]$$

$$\dot{h} = h[\theta - \frac{u_h}{u_c} + f'(k) - n]$$

$$\dot{k} = f(k) - nk - c$$

B.2.5 系统稳定性

将该系统在均衡点附近线性化，可得

$$\begin{pmatrix} \dot{c} \\ \dot{h} \\ \dot{k} \end{pmatrix} = A \begin{pmatrix} c - c^* \\ h - h^* \\ k - k^* \end{pmatrix}$$

其中

$$A = \begin{pmatrix} \kappa J_1 & \kappa J_2 & -f''(\dfrac{u_c}{u_{cc}} + \dfrac{u_{ch}}{u_{cc}}h) \\ -hJ_1 & -hJ_2 & hf'' \\ -1 & 0 & \rho \end{pmatrix}$$

且 $\kappa = \dfrac{u_{ch}}{u_{cc}}h$，$J_1 = \dfrac{u_{hc}u_c - u_h u_{cc}}{u_c^2}$，$J_2 = \dfrac{u_{hh}u_c - u_h u_{ch}}{u_c^2}$，易得 $\kappa < 0$，$J_1 > 0$，$J_2 < 0$。

设 A 的三个特征根分别为 λ_1，λ_2 和 λ_3，可得

$$\lambda_1 \lambda_2 \lambda_3 = \det(A) = h\dfrac{u_c}{u_{cc}}f'' J_2 < 0$$

$$\lambda_1 + \lambda_2 + \lambda_3 = tr(A) = \kappa J_1 - hJ_2 + \rho$$

此外，由

$$-\rho h J_2 + \rho \kappa J_1 = (J_1 - \dfrac{u_{cc}J_2}{u_{ch}})\dfrac{h u_{ch} \rho}{u_{cc}}$$

$$J_1 - \dfrac{u_{cc}J_2}{u_{ch}} = \dfrac{1}{u_c^2 u_{ch}}(u_{hc}u_{ch} - u_{cc}u_{hh})u_c > 0$$

可得

$$\lambda_1 \lambda_2 + \lambda_1 \lambda_3 + \lambda_2 \lambda_3 =$$

$$\det\begin{pmatrix} \kappa J_1 & \kappa J_2 \\ -hJ_1 & -hJ_2 \end{pmatrix} + \det\begin{pmatrix} -hJ_2 & hf'' \\ 0 & \rho \end{pmatrix} + \det\begin{pmatrix} \kappa J_1 & -f''(\dfrac{u_c}{u_{cc}} + \dfrac{u_{ch}}{u_{cc}}h) \\ -1 & \rho \end{pmatrix} =$$

$$-\rho h J_2 + \rho \kappa J_1 - f''(\kappa + \dfrac{u_c}{u_{cc}}) < 0$$

从而，系统存在两个正的特征根和一个负的特征根。由于系统有一个状态变量 k 和两个控制变量 c 和 h，可知该系统是鞍点稳定的。

B.2.6 土地供给政策的短期影响

假设一个更具一般性的效用函数

$$u(c,h) = \dfrac{(c^\gamma h^{1-\gamma})^{1-\sigma}}{1-\sigma}$$

其中，$0 < \gamma < 1$ 为参数；$\sigma > 0$ 测度了消费跨时替代弹性的大小，也表示相对风险厌恶系数的大小。同时，假设 $n = 0$。

这样，经济系统可表述为

$$\dot{c} = \frac{c}{1-\gamma(1-\sigma)}(f'-\rho) + \frac{\gamma(1-\sigma)(\rho+\theta)h}{1-\gamma(1-\sigma)}\left(f'+\theta-\frac{(1-\gamma)c}{\gamma h}\right)$$

$$\dot{h} = h\left(f'+\theta-\frac{(1-\gamma)c}{\gamma h}\right)$$

$$\dot{k} = f(k) - c$$

以及横截性条件和给定的初始条件。

其对应的线性化系统为

$$\begin{pmatrix}\dot{c}\\ \dot{h}\\ \dot{k}\end{pmatrix} = \begin{pmatrix} -\frac{(1-\gamma)(1-\sigma)(\rho+\theta)}{1-\gamma(1-\sigma)} & \frac{\gamma(1-\sigma)(\rho+\theta)^2}{1-\gamma(1-\sigma)} & \frac{[1+(1-\gamma)(1-\sigma)]f''c^*}{1-\gamma(1-\sigma)} \\ -\frac{1-\gamma}{\gamma} & \rho+\theta & \frac{(1-\gamma)f''c^*}{\gamma(\rho+\theta)} \\ -1 & 0 & \rho \end{pmatrix} \cdot \begin{pmatrix} c-c^*\\ h-h^*\\ k-k^* \end{pmatrix}$$

系数矩阵 A 的特征方程为

$$\lambda^3 - \lambda^2\left(\rho + \frac{\sigma(\rho+\theta)}{1-\gamma(1-\sigma)}\right) + \lambda\left(\frac{\sigma\rho(\rho+\theta)}{1-\gamma(1-\sigma)} + \frac{(1+(1-\gamma)(1-\sigma))f''c^*}{1-\gamma(1-\sigma)}\right) + \frac{(\rho+\theta)f''c^*}{1-\gamma(1-\sigma)} = 0$$

记两个正特征根分别为 λ_1 和 λ_2，不妨设 $\lambda_1 < \lambda_2$。

假设在初始时刻 $t = 0$，对应于此时的土地供给政策 θ，经济已经达到均衡状态。此时，假设政府宣布土地供给政策改变为 $\theta + \varepsilon g(t)$。其中，$\varepsilon$ 为参数，表示政策改变的大小；$g(t)$ 为阶梯函数，表示政策改变的类型。从而经济系统可表述为

$$\dot{c} = \frac{c}{1-\gamma(1-\sigma)}(f'-\rho) + \frac{\gamma(1-\sigma)(\rho+\theta+\varepsilon g(t))h}{1-\gamma(1-\sigma)}\left(f'+\theta+\varepsilon g(t)-\frac{(1-\gamma)c}{\gamma h}\right)$$

$$\dot{h} = h(f' + \theta + \varepsilon g(t) - \frac{(1-\gamma)c}{\gamma h})$$

$$\dot{k} = f(k) - c$$

以及横截性条件和给定的初始条件。

对 ε 求导得到

$$\begin{pmatrix} \dot{c}_\varepsilon(t) \\ \dot{h}_\varepsilon(t) \\ \dot{k}_\varepsilon(t) \end{pmatrix} = A \begin{pmatrix} c_\varepsilon(t) \\ h_\varepsilon(t) \\ k_\varepsilon(t) \end{pmatrix} + \begin{pmatrix} \frac{\gamma(1-\sigma)(\rho+\theta)}{1-\gamma(1-\sigma)} h^* g(t) \\ h^* g(t) \\ 0 \end{pmatrix}$$

取参数为 s 的 Laplace 变换，记 $C_\varepsilon(s)$、$H_\varepsilon(s)$ 和 $K_\varepsilon(s)$ 分别是 $c_\varepsilon(t)$、$h_\varepsilon(t)$ 和 $k_\varepsilon(t)$ 的 Laplace 变换，得到

$$(sI - A) \begin{pmatrix} C_\varepsilon(s) \\ H_\varepsilon(s) \\ K_\varepsilon(s) \end{pmatrix} = \begin{pmatrix} \frac{\gamma(1-\sigma)(\rho+\theta)}{1-\gamma(1-\sigma)} h^* G(s) + c_\varepsilon(0) \\ h^* G(s) + h_\varepsilon(0) \\ 0 \end{pmatrix}$$

其中，$G(s)$ 是 $g(t)$ 的参数为 s 的 Laplace 变换。

因为 $k(t)$ 是状态变量，不能发生跳跃，故 $k_\varepsilon(0) = 0$。另外，由于 $C_\varepsilon(\lambda_i)$ 和 $H_\varepsilon(\lambda_i)$ ($i = 1,2$) 是有界的，根据 Cramer 法则，可得

$$\det \begin{pmatrix} \frac{\gamma(1-\sigma)(\rho+\theta)}{1-\gamma(1-\sigma)} h^* G(\lambda_i) + c_\varepsilon(0) & -\frac{\gamma(1-\sigma)(\rho+\theta)^2}{1-\gamma(1-\sigma)} \\ h^* G(\lambda_i) + h_\varepsilon(0) & \lambda_i - (\rho+\theta) \end{pmatrix} = 0$$

和

$$\det \begin{pmatrix} \lambda_i + \frac{(1-\gamma)(1-\sigma)(\rho+\theta)}{1-\gamma(1-\sigma)} & \frac{\gamma(1-\sigma)(\rho+\theta)}{1-\gamma(1-\sigma)} h^* G(\lambda_i) + c_\varepsilon(0) \\ \frac{1-\gamma}{\gamma} & h^* G(\lambda_i) + h_\varepsilon(0) \end{pmatrix} = 0$$

从而可得政策改变对初始消费水平和房地产土地持有量的影响 $c_\varepsilon(0)$ 和 $h_\varepsilon(0)$ 满足下面的条件

$$\begin{cases} (\rho + \theta - \lambda_1)c_\varepsilon(0) - \dfrac{\gamma(1-\sigma)(\rho+\theta)^2}{1-\gamma(1-\sigma)}h_\varepsilon(0) = \dfrac{\gamma(1-\sigma)(\rho+\theta)}{1-\gamma(1-\sigma)}h^* \lambda_1 G(\lambda_1) \\ (\rho + \theta - \lambda_2)c_\varepsilon(0) - \dfrac{\gamma(1-\sigma)(\rho+\theta)^2}{1-\gamma(1-\sigma)}h_\varepsilon(0) = \dfrac{\gamma(1-\sigma)(\rho+\theta)}{1-\gamma(1-\sigma)}h^* \lambda_2 G(\lambda_2) \end{cases}$$

解得

$$c_\varepsilon(0) = \frac{\gamma(1-\sigma)(\rho+\theta)h^*}{1-\gamma(1-\sigma)} \cdot \frac{\lambda_1 G(\lambda_1) - \lambda_2 G(\lambda_2)}{\lambda_2 - \lambda_1}$$

$$h_\varepsilon(0) = \frac{h^*(\lambda_1 G(\lambda_1) - \lambda_2 G(\lambda_2))}{\lambda_2 - \lambda_1} + \frac{h^* \lambda_1 \lambda_2}{\rho+\theta} \frac{G(\lambda_2) - G(\lambda_1)}{\lambda_2 - \lambda_1}$$

进一步可得到土地供给增加对初始投资水平的影响

$$\dot{k}_\varepsilon(0) = -\frac{\gamma(1-\sigma)(\rho+\theta)h^*}{1-\gamma(1-\sigma)} \cdot \frac{\lambda_1 G(\lambda_1) - \lambda_2 G(\lambda_2)}{\lambda_2 - \lambda_1}$$

假设在零时刻，政府宣布土地供给增加；到 T 时刻，土地供给又将回到原来的水平。此时，函数 $g(t)$ 选取下面的形式

$$g(t) = \begin{cases} 1, t \in [0,T) \\ 0, t \in [T,\infty) \end{cases}$$

其 Laplace 变换为 $G(s) = \dfrac{1-e^{-sT}}{s}$。从而可以计算得到该土地供给政策对经济的短期影响为

$$c_\varepsilon(0) = \frac{\gamma(1-\sigma)(\rho+\theta)h^*}{1-\gamma(1-\sigma)} \cdot \frac{e^{-\lambda_2 T} - e^{-\lambda_1 T}}{\lambda_2 - \lambda_1}$$

$$h_\varepsilon(0) = \frac{e^{-\lambda_2 T} - e^{-\lambda_1 T}}{\lambda_2 - \lambda_1}h^* - \frac{h^*}{\rho+\theta}\frac{\lambda_1 e^{-\lambda_2 T} - \lambda_2 e^{-\lambda_1 T} - \lambda_1 + \lambda_2}{\lambda_2 - \lambda_1}$$

$$\dot{k}_\varepsilon(0) = -\frac{\gamma(1-\sigma)(\rho+\theta)h^*}{1-\gamma(1-\sigma)} \cdot \frac{e^{-\lambda_2 T} - e^{-\lambda_1 T}}{\lambda_2 - \lambda_1}$$

可见，政府土地供给政策的暂时性改变对初始消费水平和投资水平的影响取决于消费的跨时替代弹性 σ：当 $\sigma > 1$ 时，土地供给的暂时增加对初始的消费水平有正的影响，而对初始的投资水平有负的影响；当 $\sigma < 1$ 时，土地供给的暂时增加对初始的消费水平有负的影响，而对初始的投资水平有正的影响。

附录 C 第四章技术附录

C.1 主模型的稳态计算

$$Y = n$$

$$R = \frac{1}{\beta_h}$$

$$K = \beta_e \alpha \psi_K \left[1 - \beta_e(1-\delta) - \mu\left(1 - \frac{\beta_e}{\beta_h}\right) \right]^{-1}$$

$$I = \delta K$$

$$\zeta_1 \equiv \frac{\beta_e \alpha \psi_L}{1+\tau} \left[1 - \frac{\beta_e}{1+\tau} - \frac{\mu}{1+\tau}\left(1 - \frac{\beta_e}{\beta_h}\right) \right]^{-1}$$

$$\zeta_2 \equiv \mu(\zeta_1 + K)$$

$$\zeta_3 \equiv -\frac{1-\alpha}{1-\frac{1}{\beta_h}}$$

$$\zeta_4 \equiv \left(1 - \frac{1}{\beta_h}\right)^{-1} \left[1 + \frac{\tau}{1+\tau}\frac{j}{1 - \frac{\beta_h}{1+\tau}} \right]$$

$$\zeta_5 \equiv \nu\tau\zeta_1$$

$$\zeta_6 \equiv \frac{\nu\tau j}{1+\tau}\left(1 - \frac{\beta_h}{1+\tau}\right)^{-1}$$

$$C_h = -\frac{\zeta_2 + \zeta_3 + \zeta_5}{\zeta_4 + \zeta_6}$$

$$C_e = \alpha - I - \tau\zeta_1 + \left(1 - \frac{1}{\beta_h}\right)\zeta_2$$

$$b_h = \zeta_3 + \zeta_4 C_h$$

$$b_e = \zeta_2$$

$$d = \zeta_5 + \zeta_6 C_h$$

$$\zeta_7 \equiv \frac{j}{1+\tau}\left(1 - \frac{\beta_h}{1+\tau}\right)^{-1} C_h$$

$$q_L = \zeta_1 + \zeta_7$$

$$L_h = \frac{\zeta_7}{q_L}$$

$$L_e = \frac{\zeta_1}{q_L}$$

$$G = \tau q_L + \left(1 - \frac{1}{\beta_h}\right)d$$

$$N_h = N_e = \left(\frac{\kappa C_h}{1-\alpha}\right)^{-\frac{1}{1+\varphi}}$$

$$w = \frac{1-\alpha}{N}$$

$$\lambda_h = \frac{1}{C_h}$$

$$\lambda_e = \frac{1}{C_e}$$

$$\lambda_b = \left(1 - \frac{\beta_e}{\beta_h}\right)\lambda_e$$

$$\lambda_g = \frac{1}{G}$$

$$\lambda_d = \left(1 - \frac{\beta_g}{\beta_h}\right)\lambda_g$$

$$Z = n(C_h + C_e + I + G)$$

$$Y_1 = \zeta Z$$

$$Y_2 = (1-\zeta)Z$$

$$Y^* = 1 - n$$

$$K^* = \beta_e^* \alpha^* \psi_K^* \left[1 - \beta_e^*(1-\delta^*) - \mu^*\left(1 - \frac{\beta_e^*}{\beta_h^*}\right)\right]^{-1}$$

$$I^* = \delta^* K^*$$

$$\zeta_1^* \equiv \frac{\beta_e^* \alpha^* \psi_L^*}{1+\tau^*} \left[1 - \frac{\beta_e^*}{1+\tau^*} - \frac{\mu^*}{1+\tau^*}\left(1 - \frac{\beta_e^*}{\beta_h^*}\right) \right]^{-1}$$

$$\zeta_2^* \equiv \mu^* (\zeta_1^* + K^*)$$

$$\zeta_3^* \equiv -\frac{1-\alpha^*}{1-\frac{1}{\beta_h^*}}$$

$$\zeta_4^* \equiv \left(1 - \frac{1}{\beta_h^*}\right)^{-1} \left[1 + \frac{\tau^*}{1+\tau^*} \frac{j^*}{1 - \frac{\beta_h^*}{1+\tau^*}} \right]$$

$$\zeta_5^* \equiv \nu^* \tau^* \zeta_1^*$$

$$\zeta_6^* \equiv \frac{\nu^* \tau^* j^*}{1+\tau^*} \left(1 - \frac{\beta_h^*}{1+\tau^*}\right)^{-1}$$

$$C_h^* = -\frac{\zeta_2^* + \zeta_3^* + \zeta_5^*}{\zeta_4^* + \zeta_6^*}$$

$$C_e^* = \alpha^* - I^* - \tau^* \zeta_1^* + \left(1 - \frac{1}{\beta_h^*}\right) \zeta_2^*$$

$$b_h^* = \zeta_3^* + \zeta_4^* C_h^*$$

$$b_e^* = \zeta_2^*$$

$$d^* = \zeta_5^* + \zeta_6^* C_h^*$$

$$\zeta_7^* \equiv \frac{j^*}{1+\tau^*} \left(1 - \frac{\beta_h^*}{1+\tau^*}\right)^{-1} C_h^*$$

$$q_L^* = \zeta_1^* + \zeta_7^*$$

$$L_h^* = \frac{\zeta_7^*}{q_L^*}$$

$$L_e^* = \frac{\zeta_1^*}{q_L^*}$$

$$G^* = \tau^* q_L^* + \left(1 - \frac{1}{\beta_h^*}\right) d^*$$

$$N_h^* = N_e^* = \left(\frac{\kappa^* C_h^*}{1-\alpha^*}\right)^{-\frac{1}{1+\varphi^*}}$$

$$w^* = \frac{1-\alpha^*}{N^*}$$

$$\lambda_h^* = \frac{1}{C_h^*}$$

$$\lambda_e^* = \frac{1}{C_e^*}$$

$$\lambda_b^* = \left(1 - \frac{\beta_e^*}{\beta_h^*}\right)\lambda_e^*$$

$$\lambda_g^* = \frac{1}{G^*}$$

$$\lambda_d^* = \left(1 - \frac{\beta_g^*}{\beta_h^*}\right)\lambda_g^*$$

$$Z^* = (1-n)(C_h^* + C_e^* + I^* + G^*)$$

$$Y_1^* = \zeta^* Z^*$$

$$Y_2^* = (1-\zeta^*)Z^*$$

C.2 本章的完整模型

$$\hat{Y}_{1,t} = -\eta \hat{X}_{1,t} + \hat{Z}_t \tag{C.1}$$

$$\hat{Y}_{2,t} = -\eta \hat{X}_{2,t} + \hat{Z}_t \tag{C.2}$$

$$\hat{\pi}_t = \zeta \hat{\pi}_{1,t} + (1-\zeta)\hat{\pi}_{2,t} \tag{C.3}$$

$$\hat{\lambda}_{e,t} + \hat{C}_{e,t} = 0 \tag{C.4}$$

$$\hat{q}_{L,t} = \frac{\beta_e}{1+\tau}\left(\frac{\alpha\psi_L}{q_L L_e} + 1\right)(\hat{\lambda}_{e,t+1} - \hat{\lambda}_{e,t} - \hat{\tau}_t) + \frac{\beta_e}{1+\tau}$$

$$\left(\frac{\alpha\psi_L}{q_L L_e}(\hat{Y}_{t+1}^w - \hat{X}_{t+1} - \hat{L}_{e,t}) + \hat{q}_{L,t+1}\right) + \frac{\lambda_b \mu}{\lambda_e(1+\tau)}(\hat{\lambda}_{b,t} - \hat{\lambda}_{e,t} + \hat{q}_{L,t+1} - \hat{\tau}_t)$$

$$\tag{C.5}$$

$$\hat{q}_{K,t} = \beta_e\left(\frac{\alpha\psi_K}{K} + 1 - \delta\right)(\hat{\lambda}_{e,t+1} - \hat{\lambda}_{e,t}) +$$

$$\beta_e\left(\frac{\alpha\psi_K}{K}(\hat{Y}^w_{t+1} - \hat{X}_{t+1} - \hat{K}_t) + (1-\delta)\hat{q}_{K,t+1}\right) + \frac{\lambda_b\mu}{\lambda_e}(\hat{\lambda}_{b,t} - \hat{\lambda}_{e,t} + \hat{q}_{K,t+1})$$
(C.6)

$$\hat{q}_{K,t} = \Omega(\hat{I}_t - \hat{I}_{t-1}) - \beta_e\Omega(\hat{I}_{t+1} - \hat{I}_t) \quad \text{(C.7)}$$

$$\hat{w}_t = \hat{Y}^w_t - \hat{X}_t - \hat{N}_{e,t} \quad \text{(C.8)}$$

$$\lambda_e\hat{\lambda}_{e,t} - \lambda_b\hat{\lambda}_{b,t} - \xi\lambda_e b_e\hat{b}_{e,t} = \beta_e\lambda_e R(\hat{\lambda}_{e,t+1} + \hat{R}_t - \hat{\pi}_{t+1}) \quad \text{(C.9)}$$

$$\hat{Y}^w_t = \hat{A}_t + (1-\alpha)\hat{N}_{e,t} + \alpha\psi_K\hat{K}_{t-1} + \alpha\psi_L\hat{L}_{e,t-1} + \alpha(1-\psi_K-\psi_L)\hat{G}_{t-1}$$
(C.10)

$$\alpha(\hat{Y}^w_t - \hat{X}_t) = C_e\hat{C}_{e,t} + q_L L_e(\hat{L}_{e,t} - \hat{L}_{e,t-1}) + \tau q_L L_e(\hat{\tau}_t + \hat{q}_{L,t} + \hat{L}_{e,t})$$
$$Rb_e(\hat{R}_{t-1} + \hat{b}_{e,t-1} - \hat{\pi}_t) - b_e\hat{b}_{e,t} + I\hat{I}_t \quad \text{(C.11)}$$

$$\hat{K}_t = (1-\delta)\hat{K}_{t-1} + \delta\hat{I}_t \quad \text{(C.12)}$$

$$b_e\hat{b}_{e,t} = \mu q_L L_e(\hat{q}_{L,t+1} + \hat{L}_{e,t}) + \mu q_K K(\hat{q}_{K,t+1} + \hat{K}_t) \quad \text{(C.13)}$$

$$\hat{Y}_t = \hat{Y}^w_t \quad \text{(C.14)}$$

$$Y\hat{Y}_t = Y_1\hat{Y}_{1,t} + Y^*_1\hat{Y}^*_{1,t} \quad \text{(C.15)}$$

$$\hat{\pi}_{1,t} = \beta_h\hat{\pi}_{1,t+1} - \frac{(1-\theta)(1-\beta_h\theta)}{\theta}\hat{X}_t \quad \text{(C.16)}$$

$$\hat{\lambda}_{h,t} + \hat{C}_{h,t} = 0 \quad \text{(C.17)}$$

$$\hat{q}_{L,t} = \frac{\beta_h}{1+\tau}(\hat{\lambda}_{h,t+1} + \hat{q}_{L,t+1} - \hat{\lambda}_{h,t} - \hat{\tau}_t) +$$
$$\frac{j}{(1+\tau)\lambda_h q_L L_h}(\hat{j}_t - \hat{\lambda}_{h,t} - \hat{L}_{h,t} - \hat{\tau}_t) \quad \text{(C.18)}$$

$$\hat{w}_t = \hat{\kappa}_t + \varphi\hat{N}_{h,t} - \hat{\lambda}_{h,t} \quad \text{(C.19)}$$

$$\hat{\lambda}_{h,t} - \hat{R}_t - \xi b_h\hat{b}_{h,t} = \hat{\lambda}_{h,t+1} - \hat{\pi}_{t+1} \quad \text{(C.20)}$$

$$\hat{\lambda}_{g,t} + \hat{G}_t = 0 \quad \text{(C.21)}$$

$$\lambda_g\hat{\lambda}_{g,t} - \lambda_d\hat{\lambda}_{d,t} - \xi d\hat{d}_t = \beta_g\lambda_g R(\hat{\lambda}_{g,t+1} + \hat{R}_t - \hat{\pi}_{t+1}) \quad \text{(C.22)}$$

附　录　137

$$G\hat{G}_t + Rd(\hat{R}_{t-1} + \hat{d}_{t-1} - \hat{\pi}_t) = \tau q_L(\hat{\tau}_t + \hat{q}_{L,t} + \hat{s}_t) + d\hat{d}_t \quad (\text{C.23})$$

$$\hat{d}_t = \hat{\tau}_{t+1} + \hat{q}_{L,t+1} + \hat{s}_{t+1} + \hat{\pi}_{t+1} \quad (\text{C.24})$$

$$Z\hat{Z}_t = n(C_h\hat{C}_{h,t} + C_e\hat{C}_{e,t} + I\hat{I}_t + G\hat{G}_t) \quad (\text{C.25})$$

$$\hat{N}_{h,t} = \hat{N}_{e,t} \quad (\text{C.26})$$

$$L_h\hat{L}_{h,t} + L_e\hat{L}_{e,t} = \hat{s}_t \quad (\text{C.27})$$

$$d\hat{d}_t + b_h\hat{b}_{h,t} + b_e\hat{b}_{e,t} = 0 \quad (\text{C.28})$$

$$\hat{Y}^*_{2,t} = -\eta^*\hat{X}^*_{2,t} + \hat{Z}^*_t \quad (\text{C.29})$$

$$\hat{Y}^*_{1,t} = -\eta^*\hat{X}^*_{1,t} + \hat{Z}^*_t \quad (\text{C.30})$$

$$\hat{\pi}^*_t = \zeta^*\hat{\pi}^*_{2,t} + (1 - \zeta^*)\hat{\pi}^*_{1,t} \quad (\text{C.31})$$

$$\hat{\lambda}^*_{e,t} + \hat{C}^*_{e,t} = 0 \quad (\text{C.32})$$

$$\hat{q}^*_{L,t} = \frac{\beta^*_e}{1+\tau^*}\left(\frac{\alpha^*\psi^*_L}{q^*_L L_e} + 1\right)(\hat{\lambda}^*_{e,t+1} - \hat{\lambda}^*_{e,t} - \hat{\tau}^*_t) +$$

$$\frac{\beta^*_e}{1+\tau^*}\left(\frac{\alpha^*\psi^*_L}{q^*_L L_e}(\hat{Y}^{w*}_{t+1} - \hat{X}^*_{t+1} - \hat{L}^*_{e,t}) + \hat{q}^*_{L,t+1}\right) +$$

$$\frac{\lambda^*_b\mu^*}{\lambda^*_e(1+\tau^*)}(\hat{\lambda}^*_{b,t} - \hat{\lambda}^*_{e,t} + \hat{q}^*_{L,t+1} - \hat{\tau}^*_t) \quad (\text{C.33})$$

$$\hat{q}^*_{K,t} = \beta^*_e\left(\frac{\alpha^*\psi^*_K}{K^*} + 1 - \delta^*\right)(\hat{\lambda}^*_{e,t+1} - \hat{\lambda}^*_{e,t}) +$$

$$\beta^*_e\left(\frac{\alpha^*\psi^*_K}{K^*}(\hat{Y}^{w*}_{t+1} - \hat{X}^*_{t+1} - \hat{K}^*_t) + (1 - \delta^*)\hat{q}^*_{K,t+1}\right) +$$

$$\frac{\lambda^*_b\mu^*}{\lambda^*_e}(\hat{\lambda}^*_{b,t} - \hat{\lambda}^*_{e,t} + \hat{q}^*_{K,t+1}) \quad (\text{C.34})$$

$$\hat{q}^*_{K,t} = \Omega^*(\hat{I}^*_t - \hat{I}^*_{t-1}) - \beta^*_e\Omega^*(\hat{I}^*_{t+1} - \hat{I}^*_t) \quad (\text{C.35})$$

$$\hat{w}^*_t = \hat{Y}^{w*}_t - \hat{X}^*_t - \hat{N}^*_{e,t} \quad (\text{C.36})$$

$$\lambda^*_e\hat{\lambda}^*_{e,t} - \lambda^*_b\hat{\lambda}^*_{b,t} - \xi^*\lambda^*_e b^*_e\hat{b}^*_{e,t} =$$

$$\beta_e^* \lambda_e^* R^* (\hat{\lambda}_{e,t+1}^* + \hat{R}_t^* - \hat{\pi}_{t+1}^*) \tag{C.37}$$

$$\hat{Y}_t^{w*} = \hat{A}_t^* + (1-\alpha^*)\hat{N}_{e,t}^* + \alpha^*\psi_K^*\hat{K}_{t-1}^* +$$
$$\alpha^*\psi_L^*\hat{L}_{e,t-1}^* + \alpha^*(1-\psi_K^* - \psi_L^*)\hat{G}_{t-1}^* \tag{C.38}$$

$$\alpha^*(\hat{Y}_t^{w*} - \hat{X}_t^*) = C_e^*\hat{C}_{e,t}^* + q_L^*L_e^*(\hat{L}_{e,t}^* - \hat{L}_{e,t-1}^*) + \tau^*q_L^*L_e^*(\hat{\tau}_t^* +$$
$$\hat{q}_{L,t}^* + \hat{L}_{e,t}^*)R^*b_e^*(\hat{R}_{t-1}^* + \hat{b}_{e,t-1}^* - \hat{\pi}_t^*) - b_e^*\hat{b}_{e,t}^* + I^*\hat{I}_t^* \tag{C.39}$$

$$\hat{K}_t^* = (1-\delta^*)\hat{K}_{t-1}^* + \delta^*\hat{I}_t^* \tag{C.40}$$

$$b_e^*\hat{b}_{e,t}^* = \mu^*q_L^*L_e^*(\hat{q}_{L,t+1}^* + \hat{L}_{e,t}^*) + \mu^*q_K^*K^*(\hat{q}_{K,t+1}^* + \hat{K}_t^*) \tag{C.41}$$

$$\hat{Y}_t^* = \hat{Y}_t^{w*} \tag{C.42}$$

$$Y^*\hat{Y}_t^* = Y_2^*\hat{Y}_{2,t} + Y_2^*\hat{Y}_{2,t}^* \tag{C.43}$$

$$\hat{\pi}_{2,t}^* = \beta_h^*\hat{\pi}_{2,t+1}^* - \frac{(1-\theta^*)(1-\beta_h^*\theta^*)}{\theta^*}\hat{X}_t^* \tag{C.44}$$

$$\hat{\lambda}_{h,t}^* + \hat{C}_{h,t}^* = 0 \tag{C.45}$$

$$\hat{q}_{L,t}^* = \frac{\beta_h^*}{1+\tau^*}(\hat{\lambda}_{h,t+1}^* + \hat{q}_{L,t+1}^* - \hat{\lambda}_{h,t}^* - \hat{\tau}_t^*) +$$
$$\frac{j^*}{(1+\tau^*)\lambda_h^*q_L^*L_h^*}(\hat{j}_t^* - \hat{\lambda}_{h,t}^* - \hat{L}_{h,t}^* - \hat{\tau}_t^*) \tag{C.46}$$

$$\hat{w}_t^* = \hat{\kappa}_t^* + \varphi^*\hat{N}_{h,t}^* - \hat{\lambda}_{h,t}^* \tag{C.47}$$

$$\hat{\lambda}_{h,t}^* - \hat{R}_t^* - \xi^*b_h^*\hat{b}_{h,t}^* = \hat{\lambda}_{h,t+1}^* - \hat{\pi}_{t+1}^* \tag{C.48}$$

$$\hat{\lambda}_{g,t}^* + \hat{G}_t^* = 0 \tag{C.49}$$

$$\lambda_g^*\hat{\lambda}_{g,t}^* - \lambda_d^*\hat{\lambda}_{d,t}^* - \xi^*d^*\hat{d}_t^* = \beta_g^*\lambda_g^*R^*(\hat{\lambda}_{g,t+1}^* + \hat{R}_t^* - \hat{\pi}_{t+1}^*) \tag{C.50}$$

$$G^*\hat{G}_t^* + R^*d^*(\hat{R}_{t-1}^* + \hat{d}_{t-1}^* - \hat{\pi}_t^*) = \tau^*q_L^*(\hat{\tau}_t^* + \hat{q}_{L,t}^* + \hat{s}_t^*) + d^*\hat{d}_t^* \tag{C.51}$$

$$\hat{d}_t^* = \hat{\tau}_{t+1}^* + \hat{q}_{L,t+1}^* + \hat{s}_{t+1}^* + \hat{\pi}_{t+1}^* \qquad (C.52)$$

$$Z^* \hat{Z}_t^* = (1-n)(C_h^* \hat{C}_{h,t}^* + C_e^* \hat{C}_{e,t}^* + I^* \hat{I}_t^* + G^* \hat{G}_t^*) \qquad (C.53)$$

$$\hat{N}_{h,t}^* = \hat{N}_{e,t}^* \qquad (C.54)$$

$$L_h^* \hat{L}_{h,t}^* + L_e^* \hat{L}_{e,t}^* = \hat{s}_t^* \qquad (C.55)$$

$$d^* \hat{d}_t^* + b_h^* \hat{b}_{h,t}^* + b_e^* \hat{b}_{e,t}^* = 0 \qquad (C.56)$$

$$\hat{\pi}_{t+1}^* - \hat{\pi}_{t+1} = (\zeta + \zeta^* - 1)(\hat{X}_{12,t} - \hat{X}_{12,t+1}) \qquad (C.57)$$

$$\hat{X}_{1,t} = (1-\zeta) \hat{X}_{12,t} \qquad (C.58)$$

$$\hat{X}_{2,t} = -\zeta \hat{X}_{12,t} \qquad (C.59)$$

$$\hat{X}_{2,t}^* = -(1-\zeta^*) \hat{X}_{12,t} \qquad (C.60)$$

$$\hat{X}_{1,t}^* = \zeta^* \hat{X}_{12,t} \qquad (C.61)$$

$$\hat{\Pi}_t = n \hat{\pi}_t + (1-n) \hat{\pi}_t^* \qquad (C.62)$$

$$\hat{R}_t = \rho \hat{R}_{t-1} + (1-\rho) \hat{\Pi}_t + \varepsilon_{R,t} \qquad (C.63)$$

$$\hat{A}_t = \rho_A \hat{A}_{t-1} + \varepsilon_A \qquad (C.64)$$

$$\hat{s}_t = \rho_s \hat{s}_{t-1} + \varepsilon_s \qquad (C.65)$$

$$\hat{\tau}_t = \rho_\tau \hat{\tau}_{t-1} + \varepsilon_\tau \qquad (C.66)$$

$$\hat{j}_t = \rho_j \hat{j}_{t-1} + \varepsilon_j \qquad (C.67)$$

$$\hat{\kappa}_t = \rho_\kappa \hat{\kappa}_{t-1} + \varepsilon_\kappa \qquad (C.68)$$

$$\hat{A}_t^* = \rho_A^* \hat{A}_{t-1}^* + \varepsilon_A^* \qquad (C.69)$$

$$\hat{s}_t^* = \rho_s^* \hat{s}_{t-1}^* + \varepsilon_s^* \qquad (C.70)$$

$$\hat{\tau}_t^* = \rho_\tau^* \hat{\tau}_{t-1}^* + \varepsilon_\tau^* \qquad (C.71)$$

$$\hat{j}_t^* = \rho_j^* \hat{j}_{t-1}^* + \varepsilon_j^* \qquad (C.72)$$

$$\hat{\kappa}_t^* = \rho_\kappa^* \hat{\kappa}_{t-1}^* + \varepsilon_\kappa^* \qquad (C.73)$$

C.3 本章的扩展模型

C.3.1 不耐心家庭

不耐心家庭选择消费 c，积累房地产 h，并决定分别在两地区的劳动力供给 l^{11} 和 l^{12}。此外，他既可以向本地区的耐心家庭借贷 d^{11}，也可以向另一地区的耐心家庭借贷 d^{12}。其预算约束为：

$$c_t + p_{h,t}(h_t - h_{t-1}) + r_{t-1}d^{11}_{t-1} + r^*_{t-1}d^{12}_{t-1} = w^{11}_t l^{11}_t + w^{12}_t l^{12}_t + d^{11}_t + d^{12}_t$$

其中，p_h 为房地产价格，w^{11} 和 w^{12} 分别为其在两个地区面临的工资水平，r 和 r^* 分别为两个地区的利率水平。

不耐心家庭在向本地区耐心家庭借贷和向另一地区耐心家庭借贷时所面临的信贷约束为：

$$d^{11}_t \leq \mu x_t p_{h,t} h_t$$

$$d^{12}_t \leq (1-x_t) p_{h,t} h_t \left[1 - \frac{1-\nu}{p_h h}(1-x_t) p_{h,t} h_t\right]$$

其中，μ 和 ν 分别表示两种情形下的贷款抵押比例。x 为其所拥有的房地产用于在本地区借贷中充当抵押品的比例。相应地，$1-x$ 比例的房地产将被作为向另一地区借贷的抵押品，且由于处于信息上的劣势，另一地区的耐心家庭面临一个凸的借贷成本 $((1-\nu)/p_h h)(p_{h,t} h_t)^2$。

不耐心家庭在预算约束和信贷约束下，最大化其贴现效用和：

$$\max_{\{c_t, h_t, d^{11}_t, d^{12}_t, l^{11}_t, l^{12}_t, x_t\}} E_0 \sum_{t=0}^{\infty} \beta^t \left\{ \ln c_t + j \ln h_t - \kappa \frac{[(L^{11}_t)^{1/\theta} + (l^{12}_t)^{1/\theta}]^{\varphi\theta}}{\varphi} \right\}$$

其中，j 和 κ 分别反映对房地产和劳动供给的偏好，φ 反映劳动力的供给弹性，θ 反映劳动力在不同地区之间的替代弹性。

最优性条件为：

$$\frac{j}{h_t} - \frac{p_{h,t}}{c_t} + \lambda_{1,t} \mu x_t p_{h,t} + \lambda_{2,t}(1-x_t) p_{h,t}$$

$$\left[1 - \frac{2(1-\nu)}{p_h h}(1-x_t) p_{h,t} h_t\right] + \beta E_t \frac{p_{h,t+1}}{c_{t+1}} = 0$$

$$\frac{1}{c_t} - \lambda_{1,t} - \beta E_t \frac{r_t}{c_{t+1}} = 0$$

$$\frac{1}{c_t} - \lambda_{2,t} - \beta E_t \frac{r_t^*}{c_{t+1}} = 0$$

$$\lambda_{1,t}\mu = \lambda_{2,t}\Big[1 - \frac{2(1-v)}{p_h h}(1-x_t)p_{h,t}h_t\Big]$$

$$\frac{w_t^{11}}{c_t} = \kappa (l_t^{11})^{\frac{1}{\theta}-1}\big[(l_t^{11})^{\frac{1}{\theta}} + (l_t^{12})^{\frac{1}{\theta}}\big]^{\varphi\theta-1}$$

$$\frac{w_t^{12}}{c_t} = \kappa (l_t^{12})^{\frac{1}{\theta}-1}\big[(l_t^{11})^{\frac{1}{\theta}} + (l_t^{12})^{\frac{1}{\theta}}\big]^{\varphi\theta-1}$$

C.3.2 耐心家庭

同样，耐心家庭选择消费 $\tilde{c}$，积累房地产 $\tilde{h}$，并决定分别在两地区的劳动力供给 $\tilde{l}^{11}$ 和 $\tilde{l}^{12}$。此外，它可以向不耐心家庭提供借贷 $\tilde{d}_t^1$（取值为负时表示资金的流出）。

其最优化问题为：

$$\max_{\{\tilde{c}_t,\tilde{h}_t,\tilde{d}_t^1,\tilde{l}_t^{11},\tilde{l}_t^{12}\}} E_0 \sum_{t=0}^{\infty} \tilde{\beta}^t \Big\{\ln\tilde{c}_t + j\ln\tilde{h}_t - \kappa \frac{[(\tilde{l}_t^{11})^{1/\theta} + (\tilde{l}_t^{12})^{1/\theta}]^{\varphi\theta}}{\varphi}\Big\}$$

受约束于：

$$\tilde{c}_t + p_{h,t}(\tilde{h}_t - \tilde{h}_{t-1}) + r_{t-1}\tilde{d}_{t-1}^1 = \tilde{w}_t^{11}\tilde{l}_t^{11} + \tilde{w}_t^{12}\tilde{l}_t^{12} + \tilde{d}_t^1$$

其中，$\tilde{\beta} > \beta$，反映其相对较高的耐心程度。

最优性条件为：

$$\frac{j}{\tilde{h}_t} - \frac{p_{h,t}}{\tilde{c}_t} + \tilde{\beta} E_t \frac{p_{h,t+1}}{\tilde{c}_{t+1}} = 0$$

$$\frac{1}{\tilde{c}_t} - \tilde{\beta} E_t \frac{r_t}{\tilde{c}_{t+1}} = 0$$

$$\frac{\tilde{w}_t^{11}}{\tilde{c}_t} = \kappa (\tilde{l}_t^{11})^{\frac{1}{\theta}-1}\big[(\tilde{l}_t^{11})^{\frac{1}{\theta}} + (\tilde{l}_t^{12})^{\frac{1}{\theta}}\big]^{\varphi\theta-1}$$

$$\frac{\tilde{w}_t^{12}}{\tilde{c}_t} = \kappa (\tilde{l}_t^{12})^{\frac{1}{\theta}-1}\big[(\tilde{l}_t^{11})^{\frac{1}{\theta}} + (\tilde{l}_t^{12})^{\frac{1}{\theta}}\big]^{\varphi\theta-1}$$

C.3.3 企业

企业雇用劳动进行生产，假设其生产函数为柯布-道格拉斯形式：

$$y_t = A (L_t^{11})^\alpha (L_t^{21})^{1-\alpha}$$

其中，A 为技术参数，L^{11} 和 L^{21} 表示来自地区 1 和地区 2 的劳动力，分别由两类家庭提供的劳动力 CES 复合而成：

$$L_t^{11} = [\gamma^{1/\eta} (L_t^{11})^{(\eta-1)/\eta} + (1-\gamma)^{1/\eta} (\tilde{l}_t^{11})^{(\eta-1)/\eta}]^{\eta/(\eta-1)}$$

$$L_t^{21} = [\gamma^{1/\eta} (L_t^{21})^{(\eta-1)/\eta} + (1-\gamma)^{1/\eta} (\tilde{l}_t^{21})^{(\eta-1)/\eta}]^{\eta/(\eta-1)}$$

γ 表示企业使用不耐心家庭劳动的份额，η 衡量两类家庭劳动力间的替代弹性。

企业的利润最大化问题为：

$$\max_{\{l_t^{11}, \tilde{l}_t^{11}, l_t^{21}, \tilde{l}_t^{21}\}} y_t - (w_t^{11} l_t^{11} + \tilde{w}_t^{11} \tilde{l}_t^{11} + w_t^{21} l_t^{21} + \tilde{w}_t^{21} \tilde{l}_t^{21})$$

最优性条件为工资等于劳动的边际产出：

$$w_t^{11} = \frac{\alpha \gamma^{1/\eta}}{\chi_{11,t}} \cdot \frac{y_t}{(l_t^{11})^{1/\eta}}$$

$$\tilde{w}_t^{11} = \frac{\alpha (1-\gamma)^{1/\eta}}{\chi_{11,t}} \cdot \frac{y_t}{(\tilde{l}_t^{11})^{1/\eta}}$$

$$w_t^{21} = \frac{(1-\alpha) \gamma^{1/\eta}}{\chi_{21,t}} \cdot \frac{y_t}{(l_t^{21})^{1/\eta}}$$

$$\tilde{w}_t^{21} = \frac{(1-\alpha)(1-\gamma)^{1/\eta}}{\chi_{21,t}} \cdot \frac{y_t}{(\tilde{l}_t^{21})^{1/\eta}}$$

其中，

$$\chi_{11,t} = \gamma^{\frac{1}{\eta}} (l_t^{11})^{\frac{\eta-1}{\eta}} + (1-\gamma)^{\frac{1}{\eta}} (\tilde{l}_t^{11})^{\frac{\eta-1}{\eta}}$$

$$\chi_{21,t} = \gamma^{\frac{1}{\eta}} (l_t^{21})^{\frac{\eta-1}{\eta}} + (1-\gamma)^{\frac{1}{\eta}} (\tilde{l}_t^{21})^{\frac{\eta-1}{\eta}}$$

C.3.4 宏观均衡

在宏观均衡，产品市场、房地产市场、劳动力市场和信贷市场均满足市场出清条件。其中，房地产市场均衡为：

$$h_t + \tilde{h}_t = s_t H$$

s_t 为外生的 AR（1）过程，刻画来自房地产供给的冲击：

$$\ln s_t = \rho \ln s_{t-1} + \varepsilon_t$$

C.4 动态空间面板模型估计方法

令 $J_n = I_n - (1/n) l_n l_n'$，其特征根由一个 0 和 $n-1$ 个 1 组成。令 $(F_{n,n-1}, l_n/\sqrt{n})$ 为 J_n 的特征向量矩阵，$F_{n,n-1}$ 对应特征根 1，$l_n/\sqrt{n}$ 对应特征根 0，则可以对模型（5）进行数据转换：

$$HP_{nt}^* = \lambda W_n^* HP_n^* + \gamma \ln HP_{n,t-1}^* + \rho W_n^* HP_{n,t-1}^* + X_{nt}^* \beta + c_n^* + V_{nt}^*$$

其中，

$HP_{nt}^* = F_{n,n-1}' J_n HP_{nt} = F_{n,n-1}' HP_{nt}$，$W_n^* = F_{n,n-1}' W_n F_{n,n-1}$，$X_{nt}^* = F_{n,n-1}' J_n X_{nt} = F_{n,n-1}' X_{nt}$，$c_n^* = F_{n,n-1}' J_n c_n = F_{n,n-1}' c_n$，$V_{nt}^* = F_{n,n-1}' J_n V_{nt} = F_{n,n-1}' V_{nt}$，并且 V_{nt}^* 是 $n-1$ 维的误差向量，均值为 0，方差矩阵为 $\sigma_0^2 I_{n-1}$。

设 $\theta = (\delta', \lambda, \sigma^2)'$，其中 $\delta = (\gamma, \rho, \beta')'$。假设 V_{nt} 服从分布 $N(0, \sigma_0^2 I_n)$，则 V_{nt}^* 服从 $N(0, \sigma_0^2 I_{n-1})$。从而可对上面经过数据变换的模型进行极大似然估计，对数似然函数为：

$$\ln L(\theta) = -\frac{(n-1)T}{2} \ln 2\pi - \frac{(n-1)T}{2} \ln \sigma^2 + T \ln |I_{n-1} - \lambda W_n^*| - \frac{1}{2\sigma^2} \sum_{t=1}^{T} V_{nt}^{*'}(\theta) V_{nt}^*(\theta)$$

其中，$V_{nt}^*(\theta) = (I_{n-1} - \lambda W_n^*) HP_{nt}^* - Z_{nt}^* \delta - c_n^*$，且 $Z_{nt} = (HP_{n,t-1}, W_n HP_{n,t-1}, X_{nt})$。

可以证明，估计值 $\hat{\theta}$ 的渐进分布如下：

$$\sqrt{(n-1)T}(\hat{\theta} - \theta_0) + \sqrt{\frac{n-1}{T}} b_{\theta_0} + O_p(\max(\sqrt{\frac{n-1}{T^3}}, \sqrt{\frac{1}{T}})) \xrightarrow{d} N(0, \Sigma_{\theta_0}^{-1}(\Sigma_{\theta_0} + \Omega_{\theta_0}) \Sigma_{\theta_0}^{-1})$$

从而，$\hat{\theta}$ 存在一个固定偏误 $-(1/T) b_{\theta_0}$。通过一个偏误修正过程 $\hat{\theta}_1 = \hat{\theta} - \hat{B}/T$，可以得到参数的一致估计量。

附录 D 第五章技术附录

D.1 主模型的稳态计算

$$m_h = \beta_h$$

$$m_b = \beta_b$$

$$m_e = \beta_e$$

$$R = \frac{1}{m_h}$$

$$R_e = \rho_b \lambda_b + \frac{1 - [1 - (1 - \gamma_b)(1 - \rho_b)]\lambda_b}{m_b}$$

$$\lambda_b = \frac{1 - m_b R}{1 - m_b \rho_b}$$

$$\lambda_e = \frac{1 - m_e R}{1 - m_e \rho_e}$$

$$q = 1$$

$$K = \frac{\dfrac{\alpha}{X}}{\dfrac{1 - \gamma_e(1 - \rho_e)\lambda_e}{m_e} - (1 - \delta)}$$

$$I = \delta K$$

$$N = \left(\frac{\mu_h}{\kappa} \frac{1 - \alpha}{[1 + \gamma_n(1 - \rho_e)\lambda_e]X}\right)^{\frac{1}{1+\varphi}}$$

$$w = \frac{\dfrac{1 - \alpha}{[1 + \gamma_n(1 - \rho_e)\lambda_e]X}}{N}$$

$$L_e = \gamma_e K - \gamma_n w N$$

$$D = \gamma_b L_e$$

$$C_b = (1 - R)D - (1 - R_e)L_e$$

$$C_e = \frac{1}{X} - wN - I + (1 - R_e)L_e$$

$$C_h = 1 - C_b - C_e - I$$

$$\mu_h = \frac{1 - \beta_h \eta}{(1 - \eta)C_h}$$

$$\mu_b = \frac{1 - \beta_b \eta}{(1 - \eta)C_b}$$

$$\mu_e = \frac{1 - \beta_e \eta}{(1 - \eta)C_e}$$

D.2 模型稳态的性质①

D.2.1 第一类信贷约束的成立条件

只要满足 $\beta_b < \beta_h$，则第一类信贷约束等式成立，因为：

$$\lambda_b = 1 - \frac{\beta_b}{\beta_h} > 0$$

D.2.2 第二类信贷约束的成立条件

只要满足 $\beta_e R_e < 1$，则第二类信贷约束等式成立，因为：

$$\lambda_e = 1 - \beta_e R_e > 0$$

该条件等价于：

$$\frac{1}{\beta_e} > \gamma_b \frac{1}{\beta_h} + (1 - \gamma_b)\frac{1}{\beta_b}$$

D.2.3 银行存贷款利差为正的条件

只要满足 $\gamma_b < 1$，则银行贷款利率大于存款利率，且利差随第一类信贷约束的程度 $(1 - \gamma_b)$ 递增：

$$R_e - R = (1 - \gamma_b)\left(\frac{1}{\beta_b} - \frac{1}{\beta_h}\right) > 0$$

---

① 简单起见，这里以 $\rho_b = \rho_e = 0$ 的情形为例。

附录 E 第六章技术附录

E.1 主模型的稳态计算

$$m_h = \beta_h$$

$$m_b = \beta_b$$

$$m_s = \beta_s$$

$$m_e = \beta_e$$

$$R = \frac{1}{m_h}$$

$$R_e = \frac{1}{m_e}$$

$$R_s = \frac{1-\lambda_s}{m_s}$$

$$\lambda_s = \frac{1 - m_s R_e}{\gamma_s}$$

$$\lambda_b = \frac{1 - m_b R_s}{1 - (1-\gamma_b)(1-\xi)}$$

$$\lambda_r = -\frac{1 - \lambda_b - m_b R}{\chi}$$

$$q = 1$$

$$K = \frac{\dfrac{\alpha}{X}}{\dfrac{1}{m_e} - (1-\delta)}$$

$$I = \delta K$$

$$N = \left(\frac{\mu_h}{\kappa}\frac{1-\alpha}{X}\right)^{\frac{1}{1+\varphi}}$$

$$w = \frac{1-\alpha}{XN}$$

$$D = \frac{1}{\chi}L_b$$

$$S = \gamma_s L_s$$

$$L_s = I - L_b$$

$$L_b = \frac{\gamma_s I[1 - (1 - \gamma_b)(1 - \xi)]}{\frac{1}{\chi} - \gamma_b + \gamma_s[1 - (1 - \gamma_b)(1 - \xi)]}$$

$$C_b = (1 - R)D - (1 - R_e)L_b - (1 - R_s)S$$

$$C_s = (1 - R_s)S - (1 - R_e)L_s$$

$$C_e = \frac{\alpha}{X} - R_e L_e$$

$$C_h = 1 - C_b - C_s - C_e - I$$

$$\mu_h = \frac{1 - \beta_h \eta}{(1 - \eta)C_h}$$

$$\mu_b = \frac{1 - \beta_b \eta}{(1 - \eta)C_b}$$

$$\mu_s = \frac{1 - \beta_s \eta}{(1 - \eta)C_s}$$

$$\mu_e = \frac{1 - \beta_e \eta}{(1 - \eta)C_e}$$

E.2 商业银行的负债端

与商业银行传统上的贷款单一渠道相比,影子银行渠道的引入使得商业银行可以调整不同渠道的相对比重,以实现利润最大化。

商业银行的最优化问题可以表述为:

$$\max E_t \left\{ R_{e,t} L_{b,t} + R_{s,t} S_t - \left[R_t D_t + \frac{\xi}{2} \left(\gamma \frac{L_{b,t}}{S_t} - 1 \right)^2 \right] \right\}$$

以及一个基本的约束条件

$$D_t = L_{e,t} + S_t$$

其中,ξ 为银行资产的调整成本系数,$\gamma \equiv S/L_b$ 表示稳态时的资产配置。

商业银行的最优性条件为：

$$R_{e,t} - R_t - \frac{\xi\gamma}{S_t}\left(\gamma\frac{L_{e,t}}{S_t} - 1\right) = 0$$

$$R_{s,t} - R_t + \frac{\xi\gamma}{S_t}\frac{L_{e,t}}{S_t}\left(\gamma\frac{L_{e,t}}{S_t} - 1\right) = 0$$

其给出了商业银行在两个渠道间配置资产的最优决策方程，对数线性化处理后可以得到：

$$\hat{R}_t = \frac{1}{1+\gamma}\hat{R}_{e,t} + \frac{\gamma}{1+\gamma}\hat{R}_{s,t}$$

从而，家庭储蓄所获得的收益率可以表示为商业银行通过两种渠道所获得的收益率的一个线性组合，这意味着本章的模型及其扩展适用于对家庭储蓄行为/商业银行负债端的全面刻画，既包括传统的银行存款，也可以包括理财产品等业务形式。

参考文献

崔光灿：《资产价格，金融加速器与经济稳定》，《世界经济》2006年第11期。

杜清源、龚六堂：《带"金融加速器"的RBC模型》，《金融研究》2005年第4期。

杜雪君、黄忠华、吴次芳：《中国土地财政与经济增长——基于省际面板数据的分析》，《财贸经济》2009年第1期。

傅勇、张晏：《中国式分权与财政支出结构偏向：为增长而竞争的代价》，《管理世界》2007年第3期。

郭庆旺、贾俊雪：《地方政府行为，投资冲动与宏观经济稳定》，《管理世界》2006年第5期。

何杨、满燕云：《地方政府债务融资的风险控制——基于土地财政视角的分析》，《财贸经济》2012年第5期。

洪涛、西宝、高波：《房地产价格区域间联动与泡沫的空间扩散——基于2000—2005年中国35个大中城市面板数据的实证检验》，《统计研究》2007年第8期。

侯成琪、龚六堂：《货币政策应该对住房价格波动作出反应吗——基于两部门动态随机一般均衡模型的分析》，《金融研究》2014年第10期。

侯成琪、刘颖：《外部融资溢价机制与抵押约束机制——基于DSGE模型的比较研究》，《经济评论》2015年第4期。

胡荣才、刘晓岚：《货币政策影响房价的区域差异性——基于省际面板数据的实证研究》,《南京财经大学学报》2010 年第 4 期。

蒋震、邢军:《地方政府"土地财政"是如何产生的》,《宏观经济研究》2011 年第 1 期。

康立、龚六堂、陈永伟:《金融摩擦、银行净资产与经济波动的行业间传导》,《金融研究》2013 年第 5 期。

康立、龚六堂:《金融摩擦、银行净资产与国际经济危机传导——基于多部门 DSGE 模型分析》,《经济研究》2014 年第 5 期。

况伟大:《房产税,地价与房价》,《中国软科学》2012 年第 4 期。

况伟大、李涛:《土地出让方式,地价与房价》,《金融研究》2012 年第 8 期。

李勇刚、高波、许春招:《晋升激励,土地财政与经济增长的区域差异——基于面板数据联立方程的估计》,《产业经济研究》2013 年第 1 期。

李郇、洪国志、黄亮雄:《中国土地财政增长之谜——分税制改革,土地财政增长的策略性》,《经济学》(季刊)2013 年第 3 期。

李猛、沈坤荣:《地方政府行为对中国经济波动的影响》,《经济研究》2010 年第 12 期。

李波、伍戈:《影子银行的信用创造功能及其对货币政策的挑战》,《金融研究》2011 年第 12 期。

梁云芳、高铁梅:《中国房地产价格波动区域差异的实证分析》,《经济研究》2007 年第 8 期。

林琳、曹勇、肖寒:《中国式影子银行下的金融系统脆弱性简》,《经济学》(季刊)2016 年第 3 期。

刘喜和、郝毅、田野:《影子银行与正规金融双重结构下中国货币政策规则比较研究》,《金融经济学研究》2014 年第 1 期。

刘佳、吴建南、马亮:《地方政府官员晋升与土地财政——基于中国地市级面板数据的实证分析》,《公共管理学报》2012 年第 2 期。

刘鹏、鄢莉莉:《银行体系、技术冲击与中国宏观经济波动》,《国际金融研究》2012 年第 3 期。

罗必良：《分税制，财政压力与政"土地财政"偏好》，《学术研究》2010年第10期。

吕炜、刘晨晖：《财政支出，土地财政与房地产投机泡沫——基于省际面板数据的测算与实证》，《财贸经济》2012年第12期。

马柱、王洁：《地方融资平台成因探究——纵向财政竞争的新视野》，《经济学家》2013年第5期。

梅冬州、龚六堂：《新兴市场经济国家的汇率制度选择》，《经济研究》2011年第11期。

梅冬州、龚六堂：《货币错配，汇率升值和经济波动》，《数量经济技术经济研究》2011年第6期。

梅建明：《关于地方政府融资平台运行的若干问题》，《财政研究》2011年第5期。

南晓莉、李睿：《货币政策调控房价的地区差异性——基于VAR的实证研究》，《科技与管理》2012年第4期。

平新乔、白洁：《中国财政分权与地方公共品的供给》，《财贸经济》2006年第2期。

裘翔、周强龙：《影子银行与货币政策传导》，《经济研究》2014年第5期。

宋玉华、李泽祥：《金融经济周期理论研究新进展》，《浙江大学学报》（人文社会科学版）2007年第4期。

王国静、田国强：《金融冲击和中国经济波动》，《经济研究》2014年第3期。

王松涛、杨赞、刘洪玉：《我国区域市场城市房价互动关系的实证研究》，《财经问题研究》2008年第6期。

王振、曾辉：《影子银行对货币政策影响的理论与实证分析》，《国际金融研究》2014年第12期。

王立勇、张良贵、刘文革：《不同粘性条件下金融加速器效应的经验研究》，《经济研究》2012年第10期。

王云清、朱启贵、谈正达：《中国房地产市场波动研究——基于贝叶斯估计的两部门 DSGE 模型》,《金融研究》2013 年第 3 期。

位志宇、杨忠直:《长三角房价走势的趋同性研究》,《南京师大学报》(社会科学版)2007 年第 3 期。

武康平、胡谍:《房地产价格在宏观经济中的加速器作用研究》,《中国管理科学》2011 年第 1 期。

吴群、李永乐:《财政分权,地方政府竞争与土地财政》,《财贸经济》2010 年第 7 期。

辛波、于淑俐:《对土地财政与地方经济增长相关性的探讨》,《当代财经》2010 年第 1 期。

许伟、陈斌开:《银行信贷与中国经济波动:1993—2005》,《经济学》(季刊)2009 年第 3 期。

鄢莉莉、王一鸣:《金融发展、金融市场冲击与经济波动——基于动态随机一般均衡模型的分析》,《金融研究》2012 年第 12 期。

杨刚、王洪卫、谢永康:《货币政策工具类型与区域房价:调控效果的比较研究》,《现代财经》(天津财经大学学报)2012 年第 5 期。

尹恒、杨龙见:《地方财政对本地居民偏好的回应性研究》,《中国社会科学》2014 年第 5 期。

尹恒、朱虹:《县级财政生产性支出偏向研究》,《中国社会科学》2011 年第 1 期。

于菁:《影子银行对我国货币政策的影响研究——基于 VAR 模型的实证分析》,《兰州学刊》2013 年第 4 期。

于则:《我国货币政策的区域效应分析》,《管理世界》2006 年第 2 期。

袁中国、陈平、刘兰凤:《汇率制度,金融加速器和经济波动》,《经济研究》2011 年第 1 期。

张伟进、方振瑞:《金融冲击与中国经济波动》,《南开经济研究》2013 年第 5 期。

张双长、李稻葵:《"二次房改"的财政基础分析——基于土地财政与房地产价格关系的视角》,《财政研究》2010 年第 7 期。

赵振全、于震、刘淼:《金融加速器效应在中国存在吗?》,《经济研究》2007 年第 6 期。

周飞舟:《分税制十年:制度及其影响》,《中国社会科学》2006 年第 6 期。

周黎安:《中国地方官员的晋升锦标赛模式研究》,《经济研究》2007 年第 7 期。

周炎、陈昆亭:《金融经济周期模型拟合中国经济的效果检验》,《管理世界》2012 年第 6 期。

周炎、陈昆亭:《金融经济周期理论研究动态》,《经济学动态》2014 年第 7 期。

周业安、章泉:《财政分权,经济增长和波动》,《管理世界》2008 年第 3 期。

Tobias Adrian and Adam Ashcraft, "Shadow Banking: A Review of the Literature", in Garett Jones ed., *Banking Crises*, London: Palgrave Macmillan, 2016.

Tobias Adrian and Hyun Song Shin, "Liquidity and Leverage", *Journal of Financial Intermediation*, Vol. 19, No. 3, 2010.

Martin Andreasen, Marcelo Ferman and Pawel Zabczyk, "The Business Cycle Implications of Banks' Maturity Transformation", *Review of Economic Dynamics*, Vol. 16, No. 4, 2013.

Ignazio Angeloni and Ester Faia, "Capital Regulation and Monetary Policy with Fragile Banks", *Journal of Monetary Economics*, Vol. 60, No. 3, 2013.

Kosuke Aoki, James Proudman and Gertjan Vlieghe, "House Prices, Consumption, and Monetary Policy: A Financial Accelerator Approach", *Journal of Financial Intermediation*, Vol. 13, No. 4, 2004.

Kenneth Arrow and Mordecai Kurz eds., *Public Investment, the Rate of Return and Optimal Fiscal Policy*, Baltimore: Johns Hopkins University Press, 1970.

Robert Barro, "Government Spending in a Simple Model of Endogeneous Growth", *Journal of Political Economy*, Vol. 98, No. 5, 1990.

Roel Beetsma and Henrik Jensen, "Monetary and Fiscal Policy Interactions in a Micro-Founded Model of a Monetary Union", *Journal of International Economics*, Vol. 67, No. 2, 2005.

Pierpaolo Benigno, "Optimal Monetary Policy in a Currency Area", *Journal of International Economics*, Vol. 63, No. 2, 2004.

Gianluca Benigno and Pierpaolo Benigno, "Designing Targeting Rules for International Monetary Policy Cooperation", *Journal of Monetary Economics*, Vol. 53, No. 3, 2006.

Ben Bernanke, "Bankruptcy, Liquidity, and Recession", *American Economic Review*, Vol. 71, No. 2, 1981.

Ben Bernanke, "Nonmonetary Effects of the Financial Crisis in the Propagation of the Great Depression", *American Economic Review*, Vol. 73, No. 3, 1983.

Ben Bernanke, "Housing, Mortgage Markets, and Foreclosures", *Remarks at The Federal Reserve System Conference on Housing and Mortgage Markets*, Washington, D. C. 2008.

Ben Bernanke and Mark Gertler, "Agency Costs, Net Worth, and Business Fluctuations", *American Economic Review*, Vol. 79, No. 1, 1989.

Ben Bernanke, Mark Gertler and Simon Gilchrist, "The Financial Accelerator and the Flight to Quality", *Review of Economics and Statistics*, Vol. 78, No. 1, 1996.

Ben Bernanke, Mark Gertler and Simon Gilchrist, "The Financial Accelerator in a Quantitative Business Cycle Framework", *Handbook of Macroeconomics*, No. 1, 1999.

Markus Brunnermeier and Yuliy Sannikov, "A Macroeconomic Model with a Financial Sector", *American Economic Review*, Vol. 104, No. 2, 2014.

Gerald Carlino and Robert DeFina, "The Differential Regional Effects of

Monetary Policy", *Review of Economics and Statistics*, Vol. 80, No. 4, 1998.

Gerald Carlino and Robert DeFina, "The Differential Regional Effects of Monetary Policy: Evidence from the US States", *Journal of Regional Science*, Vol. 39, No. 2, 1999.

Charles Carlstrom and Timothy Fuerst, "Agency Costs, Net Worth, and Business Fluctuations: A Computable General Equilibrium Analysis", *American Economic Review*, Vol. 87, No. 5, 1997.

Kaiji Chen, Jue Ren and Tao Zha, "What We Learn from China's Rising Shadow Banking: Exploring the Nexus of Monetary Tightening and Banks' Role in Entrusted Lending", *NBER Working Paper*, No. w21890, 2016.

Kaiji Chen, Patrick Higgins, Daniel Waggoner and Tao Zha, "China Pro-Growth Monetary Policy and Its Asymmetric Transmission", *NBER Working Paper*, No. w22650, 2016.

Gregory Chow and An-loh Lin, "Best Linear Unbiased Interpolation, Distribution, and Extrapolation of Time Series by Related Series", *Review of Economics and Statistics*, Vol. 53, No. 4, 1971.

Ian Christensen and Ali Dib, "The Financial Accelerator in an Estimated New Keynesian Model", *Review of Economic Dynamics*, Vol. 11, No. 1, 2008.

Lawrence Christiano, Martin Eichenbaum and Charles Evans, "Monetary Policy Shocks: What Have We Learned and to What End?", *Handbook of Macroeconomics*, No. 1, 1999.

Lawrence Christiano, Roberto Motto and Massimo Rostagno, "Financial Factors in Economic Fluctuations", *ECB Working Paper*, No. 1192, 2010.

Richard Clarida, Jordi Gali and Mark Gertler, "The Science of Monetary Policy: A New Keynesian Perspective", *Journal of Economic Litera-*

ture, Vol. 37, No. 4, 1999.

Richard Clarida, Jordi Gali and Mark Gertler, "A Simple Framework for International Monetary Policy Analysis", *Journal of Monetary Economics*, Vol. 49, No. 5, 2002.

Thomas Cooley ed., *Frontiers of Business Cycle Research*, Princeton: Princeton University Press, 1995.

Juan Carlos Cordoba and Marla Ripoll, "Credit Cycles Redux", *International Economic Review*, Vol. 45, No. 4, 2004.

Xiaoyong Cui and Liutang Gong, "Laplace Transform Methods for Linearizing Multidimensional Systems", *Economics Letters*, Vol. 90, No. 2, 2006.

Morris Davis and Jonathan Heathcote, "The Price and Quantity of Residential Land in the United States", *Journal of Monetary Economics*, Vol. 54, No. 8, 2007.

Shantayanan Devarajan, Vinaya Swaroop and Heng-fu Zou, "The Composition of Public Expenditure and Economic Growth", *Journal of Monetary Economics*, Vol. 37, No. 2, 1996.

Andrea Ferrero, "Fiscal and Monetary Rules for a Currency Union", *Journal of International Economics*, Vol. 77, No. 1, 2009.

Irving Fisher, "The Debt-Deflation Theory of Great Gepressions", *Econometrica*, Vol. 1, No. 4, 1933.

Michael Fratantoni and Scott Schuh, "Monetary Policy, Housing, and Heterogeneous Regional Markets", *Journal of Money, Credit, and Banking*, Vol. 35, No. 4, 2003.

Jordi Gali and Tommaso Monacelli, "Optimal Monetary and Fiscal Policy in a Currency Union", *Journal of International Economics*, Vol. 76, No. 1, 2008.

Nicola Gennaioli, Andrei Shleifer and Robert Vishny, "A Model of Shadow Banking", *Journal of Finance*, Vol. 68, No. 4, 2013.

Andrea Gerali, Stefano Neri, Luca Sessa and Federico Signoretti, "Credit and Banking in a DSGE Model of the Euro Area", *Journal of Money, Credit and Banking*, Vol. 42, No. s1, 2010.

Mark Gertler and Peter Karadi, "A Model of Unconventional Monetary Policy", *Journal of Monetary Economics*, Vol. 58, No. 1, 2011.

Mark Gertler and Nobuhiro Kiyotaki, "Financial Intermediation and Credit Policy in Business Cycle Analysis", *Handbook of Monetary Economics*, No. 3, 2010.

Mark Gertler and Nobuhiro Kiyotaki, "Banking, Liquidity, and Bank Runs in an Infinite Horizon Economy", *American Economic Review*, Vol. 105, No. 7, 2015.

Marvin Goodfriend and Bennett McCallum, "Banking and Interest Rates in Monetary Policy Analysis: A Quantitative Exploration", *Journal of Monetary Economics*, Vol. 54, No. 5, 2007.

Liutang Gong and Heng-fu Zou, "Public Expenditures, Taxes, Federal Transfers, and Endogenous Growth", *Journal of Public Economic Theory*, Vol. 13, No. 6, 2011.

Liutang Gong and Heng-fu Zou, "Optimal Taxation and Intergovernmental Transfer in a Dynamic Model with Multiple Levels of Government", *Journal of Economic Dynamics and Control*, Vol. 26, No. 12, 2002.

Gary Gorton and Andrew Metrick, "Securitized Banking and the Run on Repo", *Journal of Financial economics*, Vol. 104, No. 3, 2012.

Zheng Song and Kinda Hachem, "The Rise of China's Shadow Banking System", *Meeting Papers, Society for Economic Dynamics*, No. 931, 2015.

Matteo Iacoviello, "House Prices, Borrowing Constraints, and Monetary Policy in the Business Cycle", *American Economic Review*, Vol. 95, No. 3, 2005.

Matteo Iacoviello, "Housing in DSGE Models: Findings and New Directions", in Olivier de Bandt, Thomas Knetsch, Juan Peñalosa and Francesco Zollino eds, *Housing Markets in Europe*, Springer Berlin Heidelberg, 2010.

Matteo Iacoviello, "Financial Business Cycles", *Review of Economic Dynamics*, Vol. 18, No. 1, 2015.

Matteo Iacoviello and Stefano Neri, "Housing Market Spillovers: Evidence from an Estimated DSGE Model", *American Economic Journal*, Vol. 2, No. 2, 2010.

Urban Jermann and Vincenzo Quadrini, "Macroeconomic Effects of Financial Shocks", *American Economic Review*, Vol. 102, No. 1, 2012.

Kenneth Judd, "An Alternative to Steady-State Comparisons in Perfect Foresight Models", *Economics Letters*, Vol. 10, No. 1 – 2, 1982.

Michael Kiley and Jae Sim, "Financial Capital and the Macroeconomy: A Quantitative Framework", *FEDS Working Paper*, No. 2011 – 27, 2011.

Nobuhiro Kiyotaki and John Moore, "Credit Cycles", *Journal of Political Economy*, Vol. 105, No. 2, 1997.

Narayana Kocherlakota, "Creating Business Cycles through Credit Constraints", *Quarterly Review-Federal Reserve Bank of Minneapolis*, Vol. 24, No. 3, 2000.

Robert Kollmann, Zeno Enders and Gernot Müller, "Global Banking and International Business Cycles", *European Economic Review*, Vol. 55, No. 3, 2011.

Finn Kydland and Edward Prescott, "Time to Build and Aggregate Fluctuations", *Econometrica*, Vol. 50, No. 6, 1982.

Philip Lane, "The New Open Economy Macroeconomics: A Survey", *Journal of International Economics*, Vol. 54, No. 2, 2001.

Lung-fei Lee and Jihai Yu, "A Spatial Dynamic Panel Data Model with Both Time and Individual Fixed Effects", *Econometric Theory*, Vol. 26, No. 2, 2010.

Charles Leung, "Macroeconomics and Housing: A Review of the Literature", *Journal of Housing Economics*, Vol. 13, No. 4, 2004.

Charles Leung and Wing Teo, "Should the Optimal Portfolio Be Region-Specific? A Multi-Region Model with Monetary Policy and Asset Price Co-Movements", *Regional Science and Urban Economics*, Vol. 41, No. 3, 2011.

Zheng Liu, Pengfei Wang and Tao Zha, "Land-Price Dynamics and Macroeconomic Fluctuations", *Econometrica*, Vol. 81, No. 3, 2013.

Roland Meeks, Benjamin Nelson and Piergiorgio Alessandri, "Shadow Banks and Macroeconomic Instability", *Bank of Italy Working Paper*, No. 939, 2013.

Geoffrey Meen, "Regional House Prices and the Ripple Effect: A New Interpretation", *Housing Studies*, Vol. 14, No. 6, 1999.

Geoffrey Meen ed., *Modelling Spatial Housing Markets: Theory, Analysis and Policy*, Springer Science & Business Media, 2012.

Césaire Meh and Kevin Moran, "The Role of Bank Capital in the Propagation of Shocks", *Journal of Economic Dynamics and Control*, Vol. 34, No. 3, 2010.

Maurice Obstfeld and Kenneth Rogoff, "Exchange Rate Dynamics Redux", *Journal of Political Economy*, Vol. 103, No. 3, 1995.

Evi Pappa, "Do the ECB and the Fed Really Need to Cooperate? Optimal Monetary Policy in a Two-Country World", *Journal of Monetary Economics*, Vol. 51, No. 4, 2004.

Zoltan Pozsar, Tobias Adrian, Adam Ashcraft and Hayley Boesky, "Shadow Banking", *Federal Reserve Bank of New York Staff Report*, No. 458, 2010.

Virginia Queijo von Heideken, "How Important Are Financial Frictions in the United States and the Euro Area?", *Scandinavian Journal of Economics*, Vol. 111, No. 3, 2009.

Albert Saiz, "The Geographic Determinants of Housing Supply", *Quarterly Journal of Economics*, Vol. 125, No. 3, 2010.

Stephanie Schmitt-Grohé and Martin Uribe, "Closing Small Open Economy Models", *Journal of International Economics*, Vol. 61, No. 1, 2003.

Stephen Turnovsky ed., *Methods of Macroeconomic Dynamics*, Boston: MIT Press, 2000.

Harald Uhlig, "What Are the Effects of Monetary Policy on Output? Results from an Agnostic Identification Procedure", *Journal of Monetary Economics*, Vol. 52, No. 2, 2005.

Skander Van den Heuvel, "The Welfare Cost of Bank Capital Requirements", *Journal of Monetary Economics*, Vol. 55, No. 2, 2008.

Fabio Verona, Manuel Martins and Inês Drumond, "(Un) anticipated Monetary Policy in a DSGE Model with a Shadow Banking System", *International Journal of Central Banking*, Vol. 9, No. 3, 2013.

索　引

DSGE　10—12,14,16,17,19—24, 26,29,50,73,74,76,77,90,92,95, 99,110,113,115—117,119

SVAR　10,92,94,95,97,109,113, 117,123

VAR　26,29—31,41,45,95,115,119

B

贝叶斯估计　10,19—21,23,24,26, 29,38,45,47,50,74,115,116

C

参数校准　86,108

冲击过程　37,39,60,63,85,108, 120,122

存贷比　11,92,94,101,109,113, 114,117

D

抵押　11,14—19,21,33—35,42,51, 54—57,69,70,81,88,101,103, 109,140

地方政府　4,5,9—12,26—29,31, 32,34,35,38,40—46,49—53,56, 57,61,68,74,115—119,121,126

对数线性化　36,53,56,58,82,83, 105,106,148

F

方差分解　19,24,39—41

房地产　2—6,9—12,16,18—20,23, 24,26,28—31,35,36,38—43,45— 57,59,61,63—71,74—76,88,115, 116,118,119,125—127,130,140— 142

菲利普斯曲线　56,82,105

风险　10,16,21,22,29,79,95,101, 112,113,117,118,129

G

杠杆　4,22,28,88

H

宏观均衡　35,57,83,105,127,142

货币政策　2,6,7,9—12,15,18—23,
　　46,47,49—51,57,60,66,67,74,
　　76—78,83,85—90,92,94—99,
　　101,102,105,108—113,116,117,
　　119

J

家庭　10,18—21,29,31,32,38—40,
　　42,43,51,52,61,71,75—80,86,
　　99,100,102,109,116,125,140—
　　142,148

金融加速器　14—17,19,24,77,86,
　　88,95,108

金融监管　2,76,79,86—92,94,101,
　　109,112,113,116—118

金融经济周期　1—3,5—7,9,11—
　　16,18,20,24—26,74,75,115,117

金融摩擦　1,2,6,9—12,14—18,20,
　　24,26,45,47,50,74—77,79,81,
　　87—90,92,109,113,115—117

金融中介　6,7,9—12,20—24,75,
　　76,88,115—117

经济波动　1—3,5—7,9—13,16—
　　24,26,28,29,40—43,45—50,63—
　　66,74,76,77,87—90,92,93,113,
　　115—119

L

零售商　51,54—56,78,80,82,99,
　　103,104

M

脉冲反应　24,26,29—31,40—42,
　　45,65,66—71,86,87,92,96—99,
　　109—111,113,115,117,123

目标函数　31,34,35,45,51,52,56,
　　57,67,78—80,99,100,102,103,
　　118

N

逆周期　9,11,92,94,95,97—99,
　　109,110,112—114,117

O

欧拉方程　32,34,35,40,52,55,57,
　　79—81,100,102—104

Q

企业　10,15,16,18—21,26,29—34,
　　38,42,43,45,49,51,77,81,115,
　　126,142

区域差异　6,46—49,63,66

S

商业银行　7,8,10—12,23,76—79,
　　81,82,86—103,105,109—111,
　　113,116—119,147,148

社会福利　10,22,23,26,29,43—45,
　　76,89,90,116,117

生产函数　33,52,53,80,103,126,
　　142

生产商 51—55,61,78—82,86,99,100,102—104,109

市场出清 35,58,83,106,142

数值模拟 14,17,20,23,24,29,45,76,77,86,90,92,108,113,116,117

T

土地财政 4,5,9—12,26—29,32,34,35,40—46,49—52,56,68,74,115,116,118,119

W

稳态 36,38,42,44,58,83,86,106,109,123,132,144,145—147

X

效用函数 31,51,78,99,125,128

新凯恩斯 15,16,18,19,23,46,47,75

信贷约束 11,18,19,33—35,38,40—42,51,54—57,61,68,69,75,76,79—81,86,88,92,94,95,101—103,108—111,113,117,140,145

Y

一般均衡 11,14,28,29,46,48,77,118

影子银行 7—12,91—103,109—114,117—119,147

预算约束 31,33,35,52,53,55—57,78—80,99—103,125,140

Z

债务 4,5,11,14,18,28,29,32—35,40—42,49—52,54—57,61,74,104,121

中央银行 10,20—22,51,57,76,78,79,83,87,90,92,99,105,109,113,116,117

资本充足率 10,21,79,88,101

资产价格 14,15,18,19,22

最优性条件 31,33,35,52,54,57,78,79,81,83,100,102—104,106,126,140—142,148

后　　记

本书是在博士论文的基础上修改而成。能有机会将博士论文付梓，要特别感谢国家社科基金后期资助项目的支持，以及国家社科规划办老师提供的帮助。中国社会科学出版社黄晗老师在编辑方面倾注了大量的时间和精力，没有她的辛勤付出，本书将难以呈现。博士毕业后，我有幸加入四川大学经济学院继续从事科研工作，此次出版得到了学院领导和同事们的鼎力支持，特此致谢。

回想博士论文能够顺利完成，得益于北京大学自由的学术氛围和严谨的治学传统，有赖于光华管理学院优良的学习环境和前沿的科研平台，更离不开老师、同学、朋友及家人的帮助和支持。

首要感谢将我领上学术道路并鼓励我攻读博士的恩师龚六堂教授。作为导师，龚老师深厚的学术造诣和惊人的睿智每每令人叹服。他的指导耐心而富有洞见，不断督促和鼓励我大胆尝试，并总能在关键问题上给予极具启发性的意见。在他主持的宏观经济学讨论班上，我有机会接触到学术研究的最前沿，这篇论文的完成与讨论班上的所学是分不开的。除了学术上倾注的心血，生活中也总能感受到龚老师的关怀。他总是尽自己最大努力为学生排除困难，鼓励我们专心学习。龚老师的人格魅力深刻地影响着我的学习和生活态度，我唯有在今后的学术生涯中更加努力，来报答恩师的栽培与期望。

还要感谢光华管理学院的杨云红老师、王亚平老师、张庆华老师，经济学院的崔小勇老师，教育学院的蒋承老师；中国人民大学信息学院的龙永红老师，国家发展与战略研究院的尹恒老师；以及中央财经大学经济学院的严成樑老师等在论文开题和答辩过程中提出了诸多有益的修改意见。感谢伊利诺伊大学香槟分校经济系的 Minchul Shin 老师、美联储委员会的 Molin Zhong 老师在我进行访问学者研究期间提供了宝贵的支持，感谢美联储亚特兰大分行的 Tao Zha 老师、中国人民银行的曾辉老师对论文的部分内容提供了建设性的意见。此外，特别感谢学院的教务老师们，他们不辞辛苦的工作保障了我们学业的顺利完成。

在燕园的日子里，无论遇到学术上的难题，还是碰到生活中的困扰，我总能从同学和朋友们那里得到帮助和鼓励。感谢张琳、曹玉瑾、李博文、鄢莉莉、梁婧和程宇丹等师姐，感谢梅冬州、康立、张梦云、杨友才和孙树强等师兄，以及感谢江宇源、刘海北、肖洁、雷文妮和徐佳等同学，大家在光华 308 共同度过的时光将成为我人生中最美好的一段回忆。感谢雷潇雨和我合作承担了院长科研基金项目的研究工作。感谢胡文杰、武云金、张红、黄娅娜和周咏龙等好友的关照。感谢王忏、张勇、郭凯明、倪红福、侯成琪、杨龙见、朱虹、余静雯、杨茜淋、潘珊、谭娅、张开、封世蓝、谭帅、魏丽莹、王茜萌、冯铄、林淑君、詹硕、赵扶扬、温兴春、李文健和金苗等师门中的其他师兄师姐和师弟师妹，虽不能在此尽数致谢，但同门情深，大家共同求学和参加讨论班的经历是我宝贵的财富。

最后，要感谢我的家人。在外求学多年，未能陪伴父母左右，每思及此，心有愧疚。感谢他们的抚养和教育，父母的支持和鼓励一直是我前进的动力，盼能不辜负他们对我的期望。求学路上，更幸有爱人始终悉心相伴，恤之勉之，谨致谢忱。

谨以此书纪念在北京大学度过的难忘时光！

高　然
2020 年 1 月